오늘 날씨,
읽음

국립국어원 맞춤법을 따르되, 글맛을 살리기 위해 대화 등 일부는
지은이 고유의 표기를 반영합니다.

오늘 날씨, 읽음

지은이 김민

삶을 비추는 빛에 관하여

프롤로그

 여전히 설레게 하는 하나. 아직 읽지 않은 책이다. 지금껏 살게 해 준 단 하나. 내가 읽었던 책이다. 책은 도망칠 수 있는 유일한 장소였고 고해를 건너는 다리였다. 발 디딜 틈이었으며 내게 말 걸어주는 한 사람이었다. 쉽지만은 않았던 삶이었지만 책을 읽을 정도의 빛은 항상 있었다. 이야기는 나의 세상이었다. 삶이 밀어내도 책은 있었다. 사람들이 떠나도 이야기는 남았다. 영혼에 박힌 작은 가시를 뽑아 이 책을 썼다. 이것은 언제나 나를 비춰주었던 빛에 대한 이야기다.

 동아리 활동은커녕 동호회 모임 한 번 나가본 적 없다. 일하고 책 읽는 것이 전부인 하품 나는 인생이라 여겼다. 피규어건 클래식이건, 애니메이션이건 오토바이건, 낚시건 상관없으니 열렬한 애호가가 되고 싶었다. 누군가와 이야기를 나눌 필요가 없어 몰랐을 뿐 나도 덕질을 하고 있었다. 책을 읽기 시작할 때부터 나는 그쪽 세상의 주민이었다. 무림의 문을 열던 날이 있었다. 미스터리에 미쳐 있던 밤이 있었다. 역사 소설에 빠졌던 시절이 있었다. 철학서를 탐독하던 시기가 있었다. SF에 빠져 우주를 헤엄치던 계절이 있었다. 이야기에 대한 허기가 나의 삶이었다.

아무리 읽어도 배가 고파서 서가 사이를 헤맸다. 버스에서 읽었고 기차에서 읽었다. 공원에서 읽고 술집에서도 읽었다. 먹으면서 읽고 마시면서 읽었다. 슬플 때도 기쁠 때도 읽었다. 비가 오나 눈이 오나 읽었다. 평생에 걸친 덕질이었다. 시작은 도망칠 장소였지만 결국 내가 살아갈 세상이 되었다. 어디라도 책이 있으면 그곳이 나의 집이었고 어떤 일을 겪어도 책을 읽을 시간만 있으면 견딜 만했다. 좋아하는 연예인이 없으면 어때서. 사랑하는 작가들이 있었고 나와 함께 숨 쉬는 인물들이 있었다. 제제와 함께 울었다. 노틸러스호를 타고 심해를 누볐다. 에르큘 포와로와 초콜릿을 마시고 셜록 홈즈와 함께 사건을 해결했다. 섀클턴과 남극을 탐험했다. 수업 한번 진지하게 들은 적 없는 건방진 학생이었지만 그것은 이미 내게 선생들이 있기 때문이었다. 누군가의 가르침을 따르는 것보다 혼자 책으로 배우는 편이 성미에 맞는 까닭이었다. 책으로 역사를 배웠고 철학을 배웠다. 노자와 장자, 에피쿠로스와 헨리 데이비드 소로가 나의 스승이었다. 마더 테레사에게 사랑을 배웠다. 법정 스님이 삶을 가르쳐 주었다. 엘리자베스 퀴블러 로스에게 상실을 받아들이는 법을 배웠다. 하루키 코치를 따라 뛰었고 김훈 선생님에게 자전거로 여행하는 법을 배웠다. 최인호 훈장님과 함께 유림의 숲을 걸었다. 평생에 친구는 하나면 된다고 했지만 그것은 이미 내게 무수한 친구들이 있어서였다. 마흔이 될 때까지 비행기 한 번 타본 적 없었으나 아쉽지 않았던 건 우주의 끝까지 여행해 보았기 때문이었다.

그곳에 책이 있기에 나는 그 속으로 들어간다. 그곳에 내가 사랑한 인물들이 있다. 그곳에 여전히 그들이 있다는 걸 알기에 나는 다시 세상으로 나갈 수 있다. 긴자의 뒷골목에서 이젤론 요새로, 필립 말로와 김렛을 마시다 터미너스 행성으로, 베이커 가에서 점심을 먹고 두 개의 달이 떠 있는 세계로,

달 너머로 달리는 말을 따라 초원으로. 어떤 일을 겪었더라도 책을 읽을 수 있다면 괜찮았다. 아무리 소란한 장소라도 책을 펼치면 이야기 속의 세계로 들어갈 수 있었다. 어디라도 책을 읽을 수 있다면 근사한 장소였다. 무수한 이야기를 읽으며 삶이 이야기임을 받아들였다. 모두의 삶이 하나뿐인 이야기임을 깨달았다. 세상은 모든 존재가 어우러져 써 나가는 이야기였다.

단순히 줄거리를 요약하는 일에 그치거나 인용으로 범벅된 책이 되지 않기를 바랐다. 일단 독서 에세이의 형태를 하고 있지만 알맹이는 책의 세계를 여행하며 보고 듣고 깨달은 이야기를 모은 견문록에 가깝다. 이야기의 힘으로 버텨낸 삶의 기록이며 이야기의 기쁨을 나누려는 몸짓이다. 생이 하나의 이야기임을 깨닫고 마침내 이야기의 주인이 된, 한 인간의 고백이다. 이야기의 바다를 헤엄치며 본 모든 장면을 한 권에 담을 수는 없지만 책에서 발견한 반짝임은 남김없이 담으려 애썼다.

오래전 읽었던 책의 먼지를 털어내고 평소라면 눈길도 주지 않을 책을 펼쳤다. 그때 느꼈던 환희가 되살아났고 새로운 세계를 여행할 수 있었다. 지금까지의 독서를 정리하는 것은 나의 역사를 돌아보는 일이었다. 삶은 한시도 녹록지 않았지만 적어도 책을 읽을 정도의 빛은 비추고 있었다. 지금껏 살아낸 모든 순간이 밑줄 그어진 문장임을 알겠다. 내가 읽어온 책들이 모두 그러했듯이 내가 써 내려온 순간들이 반드시 쓰여야만 했던 이야기임을 안다. 흐린 날도 힘든 날도 나의 날씨는 읽음이었다. 춥고 어두운 날에도 언제나 푸름이었다는 말이다. 어떤 하루를 보냈건 잠시 책을 펼칠 여유만 있다면 근사한 삶이 아닐까. 오늘 읽을 책이 있고 내일 먹을 쌀이 있으니 나는 행복한 사람이다. 푸른 파도가 넘실대는 이야기의 바다를 가능한 오래 헤엄치고 싶다. 하루 종일 활자와 씨름하다가 소설을 펼쳐든다. 왠지 우스워지지만 어쩌겠는가. 이보다 더한 기쁨이 없는 걸.

| 프롤로그 | 005 |

1장 도서관으로 도망치다

내 인생에 용기가 되어준 한 마디	016
반짝반짝 빛나는	022
나의 라임오렌지 나무	029
그래도 세상에는 도서관이 있으니까	034
죽는 것보다 읽는 게 낫다	042
카스테라처럼 쌓인 나날들	047
모미지마치 역 앞 자살센터	050
영혼이 허기질 때	056
아무튼 술 ZIP	059
상실의 언어로 삶을 배우다	063
20세기 소년의 동창회	068
바람의 노래를 들어라	072

2장 이야기 속을 여행하다

대지의 노래, 김훈	082
그래도 오거 파워 건틀릿	090
영웅문을 열고 무림으로	095
이토록 멋진 신세계라니	099
세계의 끝과 하드보일드 헤밍웨이	104
달의 뒷면 빛의 제국	109
단편 소설과 막간의 기쁨	113
바나나 호를 타고 안드로메다로	116
베르베르의 상상력 사전	122
인빅터스, 인듀어런스	126
은하제국실록, 파운데이션	131
아무튼 피트니스	136
아무튼, 아무튼	141
그래도 종이책	149

3장 책으로 생각하다

미생	158
송곳	162
번역서에 바치는 장미	168
사람이 가야 할 길, 사람으로 남는 길	174
철학의 사춘기	179
격투하는 자에게 동그라미를	185
자기 계발서의 함정	189
오늘도 편의점을 털었습니다	194
익명의 시대, 필명의 세계, 불멸의 작품	198
푸른 이빨에 잠시 입마개를	203
월슨 대신 월든	213
채식은 몰라도 스몰 웨이스트는 가능하니까	220
말이 통하는 사람	225
문학상에 관하여	232
원 히트 원더와 그 후의 일상	239
아무튼 서재에서 아무튼 메모	243
안녕, 오멜라스	249

4장 오늘 날씨도 읽음

이야기는 이야기로 내버려둔다	260
잠시 머무는 동안	264
살아있는 시어들의 밤	268
동전 하나로도 행복했던 구멍가게의 날들	272
마더 테레사의 말	277
책속의 맛, 상상의 맛	282
무소유	288
바다가 보이는 도서관	294
이야기가 모여드는 곳	297
샬롬! 탈무드	300
여행기로 여행하기	306
책을 읽고 쓴 책을 보고 쓰는 글	310
나이 든 채로 산다는 것	319
나만의 배를 엮다	323

에필로그 - 아직 읽지 않은 책이 있기에	329

1장
도서관으로 도망치다

잠시 머물 뿐이지만 내내 삶은 반짝이고 있었지요.
우리가 사랑했던 이름은 가슴 안에 살아 있다가
마침내 저편으로 넘어가면
다시 만나게 될 거라고 믿고 있습니다.

내 인생에 용기가 되어준 한 마디
정호승 시인에게

    집에 있던 시집을 손에 잡히는 대로 들고 나온 건지, 아니면 여행 중에 서점에서 샀는지는 기억나지 않습니다. 기억나지 않는 건 그럴 필요가 없는 까닭이겠지요. 어쨌든 당신의 문장은 2003년 여름 내내 은빛 동전처럼 반짝였으니까요. 기차 안에서, 비 내리는 정동진에서, 컵라면에 물을 붓고 당신의 시를 읽었습니다. 그때 읽었던 문장은 맑은 소리를 내며 마음속으로 굴러들어 갔습니다. 문장은 십 원짜리 동전처럼 쓸모를 찾지 못한 채 오랫동안 그 자리에 있었습니다. 어쩌면 어떤 문장은 그런 방식으로 읽히는지도 모르겠습니다. 당신의 문장은 저의 어둠을 밝혀주진 못했지만 밤을 버틸 온기였습니다. 당신의 시집은 주머니 속 먼지까지 털어내 아무것도 남지 않았다고 생각할 때 꺼내 보는 편지였습니다.

    기차를 타고 떠돌던 때로부터 12년이 흘렀습니다. 당신

말대로 뜨겁게 사랑하다 죽고 싶었습니다. 한 사람의 이름을 붙들고 살았습니다. 마음을 다했지만 끝내 실패하고 상실을 붙들고 살았습니다. 온갖 일들이 쏟아져 내렸습니다. 사람이 두렵고 거리를 걷는 게 무서웠습니다. 삶에 대한 욕구는 물론 안전에 대한 욕망도 남아있지 않았습니다. 거울 속 내 모습이 싫었지만 깨뜨릴 용기조차 없었습니다. 거울 속 나를 마주하지 못한 채 몇 년을 보냈습니다. 하룻밤 새 자란 그리움과 하루만큼 깊어진 절망을 품고 살았습니다. 죽을 이유는 충분했지만 살아갈 핑계는 찾을 수 없었습니다. 그 시절 산산조각이란 시는 삶을 붙드는 주문이었습니다. 낮에는 당신의 문장을 되뇌고 밤에는 성모상 앞에 엎드려 울었습니다. 룸비니에서 온 부처님은 나의 머리도 쓰다듬어 주었습니다.

차라리 새처럼 자유롭게 살리라 다짐한 순간이 있었습니다. 사람조차 되지 못한 주제에 새가 되려 했습니다. 한 송이 꽃처럼 피어나리라. 마음먹은 날이 있었습니다. 향기로운 말 한 마디 품지 못하면서 꽃이 되려 했습니다. 나는 그저 내가 될 수 있을 뿐이었습니다. 나는 그저 나를 사랑할 수 있을 따름입니다. 다가오는 것들을 힘껏 껴안고 사라지는 것들에 미소를 지을 수 있을 뿐입니다. 나를 버렸습니다. 버린 나를 쌓아 집을 지었습니다. 나를 지웠습니다. 지운 나를 뿌려 길을 이었습니다. 상실이 나를 증명합니다. 실패만이 나를 증거합니다. 그러니 사랑하고 꿈꾼 것이 나의 생이 될 것입니다. 부서진 것에는 부서진 것의 의미가 있고 사라진 것에는 사라져야 할 이유가 있습니다. 남겨진 것에는 남겨진 까닭이 있을 겁니다. 부서진 마음에도 바람은 불고, 봄비가 오고, 새싹이 나고, 꽃이 피었습니다. 부서진 채로 살아도 괜찮더군요. 괜찮아지지 않아도 괜찮다고 여기니 마침내 편안해지더군요.

 유실물 센터는 잃어버린 것들이 모이는 장소지만 누구도 무언가를 잃어버리지 않는 장소더군요. 상실이 하는 일도 마찬가지였습니다. 고독이 하는 일도 마찬가지였습니다. 하나뿐인 등불을 들고 가버린 사람이 있었지만 어둠 속에서만 보이는 것들이 있었습니다. 침묵 속에서만 들리는 목소리가 있었습니다. 겨울에만 피는 꽃이 있듯이 상처 입은 손으로만 만질 수 있는 깨달음이 있더군요. 연꽃은 진흙탕이 아니면 필

수 없으나 그곳을 꽃이 핀 장소로 정의해버리더군요. 그를 사랑했던 자리에 삶이 피었습니다. 너를 잃어버리고 나를 놓아버린 곳에서 삶을 찾아 돌아왔습니다. 막다른 골목은 없었습니다. 막다른 골목은 스스로 길이 되어 나오는 곳이었습니다. 다시 살고 싶어서 유서를 썼습니다. 유서는 이야기를 끝내고 새로운 이야기를 시작하기 위해 필요한 문장이었습니다.

    모처럼 당신의 시집을 읽습니다. 죽어도 좋을 봄볕입니다. 살아야 할 봄빛입니다. 보랏빛 꽃을 피운 로즈마리를 쓰다듬으며 당신의 시 '꽃다발'을 읊조립니다. 당신의 시가 새겨진 지구 위를 걸어서 집으로 갑니다. 그래요, 당신의 말대로 가슴 속에 시 한 줄 들어있지 않은 삶은 없겠죠. 단지 그것을 펼쳐드는 밤이 없을 뿐이죠. 누군가 대신 써 줄 수는 있어도 누구도 대신 읽어 줄 수 없는 마음이 기다리고 있겠죠. 당신의 시집 한 페이지에 나의 오늘이 머무릅니다. 마음 머무를 글귀 한 줄만 있어도 좋은 책입니다. 마음 머물렀던 사람 하나만 있어도 괜찮았던 인생입니다. 두고두고 외울 글은 길이 되고 부르지 못할 이름은 시가 됩니다. 그를 위해 속을 드러내 바친 날이 있었고 나를 위해 속을 보여주는 책이 있으니 제법 근사한 인생입니다.

    외로움을 견디지 않겠습니다. 외로움을 품고 살겠습니다. 이따금 마음껏 울겠습니다. 눈물을 흘리는 것을 부끄러워하기보다 눈물을 잃은 사람이 되는 것을 두려워하겠습니다. 엉망진창이라도 세상은 여전히 아름답고 산산조각 났기에 삶은 반짝거립니다. 안녕과 안녕 사이에 사랑이란 단어조차 말하지 않으렵니다. 각자의 계절이 모여 세상이 되기에. 버려진 것이 아니라 벼려졌기에. 눈앞의 풍경을 껴안기만 하겠습니다. 내 앞의 풍경을 사랑하기만 하겠습니다. 프리지어 꽃다발이 걸려있던 집은 폐가가 되었고 소년은 중년이 되었지만 마음에 핀 꽃은 지지 않았습니다. 노래는 늙지 않으니까요. 허락 없이 핀 꽃도 아름답고 강은 뜻대로 흐르지 않아 근사하니까요. 도망칠 공간이 없으면 삶은 싸움이 되죠. 당신의 문장은 내가 도망쳐 숨을 공간이었습니다. 다시 못 볼 것처럼 사랑을, 다시 안 볼 것처럼 오늘을, 지금의 이름을 부르며 살겠습니다. 꽃 진 자리에 초록 돋아나듯 눈물 진 자리 여린 잎사귀처럼 살겠습니다.

당신의 시를 부적 삼았기에 절망의 터널을 통과할 수 있었습니다. 꽤나 많은 것을 잃었지만 나였던 것을 내어주지 않으면 나아갈 수 없는 것이 삶이라는 사실을 받아들이고 나니 후련합니다. 내 것이 아니었던 이름이 내 안으로 들어왔다가 저 너머로 가 반짝입니다. 누구의 아픔을 저울에 달까요. 모두의 삶이 상실의 역사인데요. 잠시 머물다 가기 전에 온기 한 줌 내줄 수 있길 바랄 뿐입니다. 말로 설명할 수 없는 아픔을 어찌 말로 위로하려 들까요. 잠시 쉬어 갈 수 있도록 가지런히 모은 숨결 깔아놓을 뿐이지요. 어쩌면 우리 모두는 별의 조각이고, 조각나 있기에 반짝일 수 있는 건지도 모른다는 생각이 듭니다. 잠시 머물 뿐이지만 내내 삶은 반짝이고 있었지요. 우리가 사랑했던 이름은 가슴 안에 살아 있다가 마침내 저편으로 넘어가면 다시 만나게 될 거라고 믿고 있습니다.

『눈물이 나면 기차를 타라』 창작과 비평사 1999
『사랑하다가 죽어버려라』 창작과 비평사 1999
『외로우니까 사람이다』 창작과 비평사 2016
『이 짧은 시간 동안』 창작과 비평사 2004
『내 인생에 용기가 되어준 한 마디』 비채 2013

반짝반짝 빛나는

　보다 나은 사람이 되기 위해 책을 읽는 이들도 있지만 내 경우는 아니었다. 지식을 쌓거나 지혜를 찾는 건 중요하지 않았다. 그저 책을 읽는 행위 자체가 즐거웠을 뿐이다. 좋은 일이라고는 없을 때에도 책을 읽는 기쁨은 있었다. 현실에서 도망치는 거라고 말해도 상관없다. 글을 읽는 동안에는 타인의 말에 흔들리지 않을 수 있었다. 삶을 버티기 위해 독서라는 행위가 필요했다. 몸은 시궁창에 있어도 마음은 우주를 헤엄칠 수 있었다. 단순한 도피만은 아니었다. 글은 활자에 머무르지 않고 세상과 나를 이어주는 다리가 되었다. 이야기에 담겨 있던 작가의 세상이 읽는 순간 내게 스며들었다. 작가들의 사유와 철학, 그들이 본 세상과 역사, 낯선 풍경과 신비한 이야기, 그들이 느꼈던 기쁨과 슬픔, 환희와 절망, 상실과 수용 같은 감정들도 내게 스며들었다. 황홀한 스며듦을 경험한 사람은 독서라는 행위에 중독되고 만다. 중독이라 불러도 좋다. 도피라 말해도 좋다. 책을 펼치는 순간 어디론가 떠날 수 있다는 희망이 나를 지탱하니까.

어릴 때 먹던 비파 열매처럼 달콤한 문장이 있었다. 에쿠니 가오리의 문장은 냉정과 열정 사이에 있었다. 그녀의 색은 블루, 해가 뜨기 직전의 파랑 혹은 바다의 푸름이었다. 생이 깊어지기 위해 필요한 색깔. 영혼의 무지개를 위해 필요한 색깔이었다. 그녀의 문장은 다정했다. 그녀의 책은 언제든 찾아갈 수 있는 어린 시절의 동네 같았다. 그곳에 가만히 앉아 있기만 해도 나는 나를 용서할 수 있을 것 같은 기분이 들었다. 말라버린 화분에 매일 물을 주던 때였다. 오늘과 내일의 경계조차 모호했다. 무수한 오늘이 밀려와도 나는 여전히 어제에 있었다. 무언가 끝나길 바라면서도 이대로 끝나길 두려워하던 시절이었다. 그녀의 문장이 나를 안아주었다. 무겁지도 가볍지도 않은, 서글퍼도 찬란한, 쓸쓸하지만 아름다운 순간의 소중함이 그곳에 있었다.

남자친구가 좋아하는 여자와 동거하는 여자도, 어린 딸

을 데리고 떠돌며 그 시절의 남자를 그리워하는 엄마도, 서로의 남자친구까지 공유하는 자매도, 게이 남편과 알코올 중독인 부인도, 친구의 아들을 만나는 여자도, 엄마 친구와 만나는 남자도, 부모가 남긴 유산으로 책만 끼고 사는 중년도, 아빠가 다르고 엄마가 다른 형제들도 그녀의 공간 안에서는 온전한 존재였다. 저마다의 삶을 납득시키는 힘이 그녀의 문장에 깃들어 있었다. 당연하지 않아 보이는 것에 자연스러움을 부여하는 다정함이 있었다. 아무리 소란한 사건이라도 보통의 것으로 느껴지게 하는 마력이 있었다. 별난 것들을 평범한 것으로 받아들이는 포용이, 보통의 것들을 찬란한 빛으로 감싸는 손길이 있었다.

결핍된 것들에는 결핍된 것만의 충족이 있는 법이니까. 독특하다고 잘못된 건 아니며, 엉뚱하다고 비현실적인 것도 아니다. 평범하지 않다고 죄악은 아니다. 익숙하지 않다고 해서 부자연스러운 것도 아니다. 삶은 원래 오묘한 거니까. 일반적이지 않은 인물과 상황이라고 말하지만 그것이야말로 일방적인 판단 아닐까. 이것이 일반적이고 보편적이며 정상적인 거라는 편견에 맞서는 나긋나긋한 저항. 타인의 삶에 자신의 방식을 강요하는 것은 폭력이라고, 일반적이라는 기준도 자신만의 생각일 뿐이라고 말해주는 듯했다. 아이는 왜인지 물으며 어른이 되지만 우리는 이유를 묻지 않으며 진짜 어른이 된다. 어떤 상처는 보듬어주고 어떤 흉터는 모른 척할 수 있어야 어른이 아닐까. 공감은 자신의 공간을 자랑하는 게 아니라 상대방의 시간을 존중하는 일이겠지.

그녀의 문장은 하모니카 소리처럼 투명하게 마음을 감싸주었다. 다양한 삶의 방식을 끌어안은 그녀의 문장이 스며들수록 내가 소유한 삶의 형태를 납득하게 되었다. 누군가에게 용서받은 기분이 들었다. 비로소 나를 용서한 기분이었다. 아무것도 남아있지 않은 공간은 모든 것을 담았던 장소임을 깨달았다. 불행이 닥치면 순서 같은 걸 따질 필요 없다. 일단 사건이 일어나면 원인을 알아내도 소용없다. 독화살에 맞아 극심한 고통을 겪으면서도 화살을 쏜 사람이 누구이며, 무슨 이유로 쏘았으며, 화살을 어떤 나무로 만들었는지, 활의 색깔이 어떻고 살촉은 어떤 모양인지 알아내려 한다면 얼마나 우습겠는가. 상황을 받아들이기 위해 저마다의 선택을 할 뿐이다. 어떤 형태로든 받아들이고 나면 그 일은 나의 '일부'가 되는 것이다. 한때 전부였던 것을 자신의 '일부'로 포용할 수 있다면 그것도 '성장'이겠지. 어떤 사건이라도 나를 이루는 이야기가 된다. 인생에 기승전결 같은 건 중요하지 않다. 지금의 숨결, 나뭇잎의 감촉, 오늘의 풍경을 소중히 여겨야 한다. 잊지 않은 이름은 지지 않는 꽃이 되고 잊어버린 이름도 길을 잇는 숨결이었다.

슬픔을 떼어낼 수 없을 때면, 쓸쓸함이 일렁일 때면, 발걸음을 늦춰 그녀의 그림자에 내 그림자를 맞대고 걸었다. 아픔이 잦아들 때까지 가만히. 그녀의 문장에 엎드려 울었다. 그녀의 문장들 사이에 슬픔을 묻어두었다. 추락하기보다 타락하기를, 나락으로 떨어지지 말고 잘못된 길이라도 걸어주기를, 그것 또한 인생이 될 테니까. 그렇게 말해주는 듯했다. 남들이 보기엔 별거 아닌 일로 한참을 울었지만 그랬기에 소중한 기억을 온전히 남길 수 있었다. 그녀 덕분에 '한낮에도 어두웠던 방'에서 빠져나올 수 있었다. 계절 사이에 간혀 헤매던 어느 날. 내 안에서 무언가 빠져나갔다. 긴 꼬리를 가진 커다란 그림자였다. 나는 그것을 오래된 슬픔이나 미련이라 생각하기로 했다. '낙하하는 저녁'은 '별사탕이 내리는 밤'이 되었다. '반짝반짝 빛나는' 별이 되었다. 그렇게 상실을 받아들였다. 어둠을 끌어안음으로써 스스로 빛이 되는 방법을 배웠다.

그녀는 말해 주었다. 회복할 필요 없어, 병든 게 아니니까. 고치지 않아도 괜찮아. 고장 난 게 아니니까. 그것 또한 자신의 일부임을 받아들이고 나아가면 돼. 기쁨으로 향하고 아픔을 멀리하는 건 생명의 본능이고, 우리가 겪은 어떤 아픔도 무의미하지 않은 건 그것이 우리의 영혼을 성장시키기 때문이야. 아픔이 우리의 존재를 특별하게 만드는 거야. 자신을 사랑하는 일이 세상을 위한 일이야. 당신은 우주의 일부이기에. 함부로 축약해서는 안 될 소중한 무언가가 여기에도 있어. 반짝이지 않는 순간은 없어. 지금을 사랑해주지 않았을 뿐이야. '언젠가 기억에서 사라진다 해도' 이 순간을, 이 사람을, 이 지금을 사랑해야지. 무언가를 남기려 애쓰지 않기로 하자. 그저 다음 장면으로 넘어가기로 하자. 돌이키지 않아도 좋을 지금을 살아내기로 하자. '즐겁게 살자. 고민하지 말고'.

나의 라임오렌지 나무

나의 첫 번째 도서관은 세 들어 살던 단칸방 구석에 있던 책장이었다. 싸구려 합판으로 만든 다섯 단짜리 책장. 이불을 펴면 침실이 되고 밥상을 들이면 식당이 되는 공간과는 어울리지 않는 물건이었다. 맨 위에는 아버지가 샀으리라 짐작되는 글씨가 작은 책들이 꽂혀 있었지만 읽는 모습을 본 적은 없다. 4단 전체와 3단 일부에 거쳐 40권짜리 위인전이 있었다. 흰색 하드커버 책등에는 간디, 강감찬, 을지문덕, 헬렌 켈러, 이순신, 황희, 신사임당, 세종대왕의 이름이 새겨져 있었다. 3단에는 20권으로 이루어진 학습과학만화가 자리했다. 바다의 신비, 우주의 비밀, 인체의 구조 따위의 제목이었다. 출판사 영업사원의 언변에 아버지가 넘어간 건지 아니면 자녀들의 교육을 위해 마음먹은 건지는 이제 영영 알 수 없게 되었다. 몇 번인가 같은 책을 구매한 걸로 추정되는 아이들과 봉고차를 타고 비행기가 전시되어 있는 공원이나 체험

행사 같은 곳에 갔던 기억만이 흐릿하다. 2단과 1단에는 야시장에서 사 온 책들. 오싹오싹 공포체험, 흡혈귀의 첫사랑, 14살 소녀의 러브레터 같은 책이 채워져 있었다. 아무튼 본전은 확실히 뽑았다. 위인전 커버는 하도 봐서 너덜거렸고 학습과 학만화는 쭈글쭈글해졌다. 단칸방 도서관에 신간도서가 입고되는 경우는 거의 없었다.

주인집은 시청에 다니는 아저씨와 조선소에서 일하는 아주머니 사이에 자식이 다섯이었다. 주인아주머니는 정이 많고 부지런한 사람이었다. 어머니를 챙겨주었고 어린 우리 남매를 예뻐했다. 한 지붕 아래 모여 살던 다섯 가정은 여름에는 해수욕장에 함께 갔고 겨울이면 김장을 같이 담글 정도로 가까웠다. 초등학교에 입학할 즈음, 주인집 첫째인 상열이형은 서울대에 합격해 동네의 자랑이 되었다. 둘째인 명순이누나는 일찍 시집을 갔다. 그 아래로 고등학교를 다니는 연순이 누나, 그리고 쌍둥이로 태어난 도열이 형과 민순이 누나가 있었다. 연령대가 다양했던 만큼 책의 종류가 많았고 고급스러운 책들도 꽤 있었다. 어린아이가 제멋대로 들어가 책을 봐도 뭐라 하는 사람은 없었다. 그런 시절이었고 그래도 되는 나이였다. 그곳에서 그리스로마 신화전집이나 세계의 명시 따위의 책을 가져와 읽었다.

    당시 초등학교에서는 가정형편 조사라는 걸 했다. 담임은 종이를 나눠주고 냉장고는 있는지, 자동차 종류는 뭔지, 집은 월세인지 전세인지, 아니면 자가인지. 부모님은 무슨 일을 하는지 적게 했다. 선생의 얼굴이나 이름은 생각나지 않는다. 또렷하게 기억나는 건 중산층이라고 손을 들자 "너는 아니니까 손 내려"라고 말했다는 사실뿐이다. 선생의 한 마디를 기점으로 많은 것이 바뀌었다. 병균 같은 것이 몸 어딘가에 뿌리를 내렸다는 사실을 알았지만 어린 내게는 막을 힘이 없었다. 가난이라는 단어가 박히는 순간 내 안의 무언가가 죽어버렸다. 눈에 보이지 않는 가난을 원망할 수 없으니 아버지를 원망했다. 같은 반 아이들의 눈치를 보았고 따돌림을 당하게 되었다. 그때부터 놀이는 재미없어졌고 학교에 가는 것이 두려워졌다.

그즈음 『나의 라임오렌지나무』를 읽었다. 제제의 가난이 내 것 같았다. 실직한 아버지, 장난치다 매를 맞는 아이, 처음으로 공감한 책이 그런 내용이었다는 게 행운이라 말할 수는 없겠지. 제제는 물었다. "왜 아이들은 철이 들어야만 할까." 왜 나는 그런 방식으로 철이 들어야만 했을까. 나에게 뽀르뚜까 아저씨는 없었지만 책을 읽고 있는 순간만은 자유로웠다. 어머니 동료들의 집에서 책을 빌려 읽었고 동네 아이들의 집에 놀러가는 이유도 책을 읽기 위해서였다. 부모님이 힘들게 번 돈을 쓰고 싶지 않았다. 리코더나 스케치북, 크레파스 같은 걸 사달라고 말하지 않는 아이가 되었다. 한 학기가 끝날 때 책거리라고 분단별로 가져온 과자나 음식을 나눠 먹을 때도 혼자였다. 같이 먹자는 아이도 있었지만 고집스럽게 등을 돌리고 꾸역꾸역 빵을 먹었다. 빵에 뚝뚝 떨어지던 눈물. 그때 먹었던 땅콩크림 샌드위치가 처음 맛본 눈물 섞인 밥이었다. 나는 그걸 너무 일찍 알아버렸다.

제제, 왜 자식은 부모에게 상처를 입히면서 성장해야 하는 걸까. 왜 어떤 아이들은 스스로에게 생채기를 내면서 어른이 되는 걸까. 아직 아이들이 철이 들어야 하는 이유를 찾지 못했어. 스스로에게 상처 내면서까지 어른이 되었으니 사랑하는 이들에게 아픔을 주지 않으려 애쓸 뿐이지. 그런데 말이야. 제제, 모든 아이들이 어른이 되는 건 아니었어. 삶이 끊임없이 무언가를 상실하는 과정임을 깨닫고 지금을 힘껏 껴안는 사람이 어른이었어. 부를 수 없는 이름은 헤어질 일 없는 이름이 되더라. 돌이킬 수 없는 때는 사라질 일 없는 장면이 되더라. 떨어지는 것은 나는 법을 배우기 위해서였어. 무너지는 것은 새로 시작하기 위해서였어. 나이 든다고 지혜가 저절로 쌓이지는 않더라. 낡지 않으려는 마음에 깃드는 거더라. 사는 게 쉬웠던 적은 한 번도 없었으니 지금껏 빛나지 않았던 순간도 없는 거야.

그래도 세상에는 도서관이 있으니까

　공식적인 데뷔는 미륵산으로 올라가는 길 중턱에 자리 잡은 통영도서관이었다. 도서관 대출증을 만들었을 때의 희열이란! 노란색 종이로 된 도서대출 카드는 책의 세계를 여행할 여권이었다. 지금은 책을 골라 키오스크에 대출카드만 찍으면 되지만 그때는 증명사진을 붙인 종이 대출 카드에 날짜와 책 제목을 적고 도서관 직원의 서명을 받아야 책을 빌릴 수 있었다. 책을 반납할 때도 사서에게 확인을 받아야 했다. 기본이 두 권이었고 시리즈인 경우는 세 권까지 빌릴 수 있었다. 방학 때마다 도서관에 출근 도장을 찍었다. 아침밥을 먹고 도서관에 가서 책을 읽다가 집으로 가 식은 된장국에 밥을 말아 퍼먹은 뒤 다시 도서관으로 왔다. 마감이 임박할 때까지 책을 읽다가 책 두 권을 빌려 돌아왔다. 이불 속으로 들어가 엎드려 책을 펴는 순간 낡은 담요는 마법의 양탄자가 되었다. 책을 읽는 건 다른 세상을 여행하는 일이었다. 세상

변두리에서 사건의 중심으로 단박에 파고든다. 몸은 여기에 있지만 마음은 그곳에 있다. 그곳으로 갔다 돌아오면 작은 방이 비좁게만 느껴졌다. 아편에 찌든 중독자처럼 도서관으로 가 새로운 책을 빌려왔다. 세상은 적어도 책의 너비만큼은 머물 공간을 허락해 주었다. 도서관은 나를 품어주는 단 하나의 장소였으며 책은 말을 건네주는 유일한 친구였다.

    오늘 모처럼 꿈에 그리운 이가 나왔다. 꿈을 핑계로 안부를 전했다. 내게 서울은 그가 사는 곳이다. 담양하면 대나무를 떠올리고 영광하면 굴비를 떠올리고 통영하면 굴, 포항하면 과메기를 떠올리듯이 지역을 상징하는 이름이 있다. 그가 차지하고 있는 위상에 관계없이 서울은 그의 땅이다. 다른 사람들도 마찬가지. 포항에는 누구, 베트남에 누구, 광주에 누구, 용인에는 누구 그런 식이다. 나도 그들에게 통영에 사는 누군가로 인식되겠지. 살아온 날들도 지명으로 기억되기 시작한다. 의정부에서의 시간, 안산에서의 사건, 진주에서의 날들. 내가 머물렀던 그때 그 장소들. 이제는 어디에서 어떻게 사는지 알 수 없는 이들도 그러한 장소로 남았으리라. 몸은 갈 수 없으나 마음을 두고 온 장소이다. 나이가 들면서 어렴풋하게 장소가 지닌 힘을 느끼게 된다. 도서관이 내겐 그러한 장소였다. 세상 모든 이야기를 품고 있지만 자신의 이야기를 하지 않는 장소였다. 고요에 몸을 맡기고 귀를 기울이는 장소. 그 시절 내게는 도서관이 있었다.

 도서관을 찾은 것이 도대체 얼마만인지. 꼬맹이 때는 높아보이던 계단을 그때의 나만한 자식이 있어도 이상하지 않을 나이가 되어 오른다. 구름과 바다 빛으로 물들인 도서관 건물. 하늘색 공중전화 부스는 세련된 빨간 색으로 다시 칠했고 몰래 술을 마시던 도서관 뒤편에는 벤치를 놓고 햇빛을 막을 지붕까지 올렸다. 여덟 개의 계단을 다시 오르는데 참 많은 계절이 필요했구나. 코로나 때문인지 개인학습실은 비어 있고 종합자료실에는 신문을 읽거나 책을 고르는 몇 명뿐이다. 컴퓨터를 들여다보는 몇 명의 남녀. 잔뜩 꽂힌 DVD들. 낯설어진 건 세월이 흐른 탓일까. 생각대로 살아내진 못했지만 무수한 이야기를 품은 채 돌아왔다. 그때 그 아이가 상상했던 모습은 아닐 테지만 서른 번의 봄을 살았다. 뜨거웠던 여름도 있었다. 졸업식 날 밀가루를 뿌리고 계란을 던지던 통영중학교 운동장에는 잔디가 심기고 육상 트랙이 깔렸다. 빨간 유니폼을 입은 아이들이 푸른 땀을 흘린다.

헤밍웨이는 품위를 잃지 않는 건 장소의 이름뿐이라고 했지만 충무시는 통영시가 되어버렸다. 어린 나를 품어주던 충무시립도서관도 통영도서관으로 이름이 바뀌었다. 도남동, 용화사, 미수동 세 갈래 뿐이던 버스 노선은 100번에서 700번 대까지 복잡해졌고 번화가는 데파트에서 항남동, 항남동에서 무전동으로 옮겨 갔다. 시외버스 터미널을 옮긴 죽림은 매립지이니 원래 없었던 장소인 셈이다. 인력사무소에서 일을 얻지 못해 터덜터덜 건너던 충무다리 옆에는 번쩍거리는 통영대교가 생겼다. 관광객들이 즐겨 찾는 책방인 남해의 봄날도, 전혁림 미술관도 그때는 없었다. 주말에 약수를 뜨러 가던 미륵산은 케이블카가 생긴 뒤로는 길이 제멋대로가 되어 버렸다. 세 살 때부터 살았던 집은 폐가가 되었고 뛰어놀던 공터는 사라졌다. 실내화 가방을 빙빙 돌리며 걷던 골목은 큰 길이 되었고 횡단보도에는 마스크를 낀 학생들이 휴대폰을 들여다보고 있다.

그럼에도 도서관은 남아있다. 도서관이라는 장소가 지닌 신성함은 사라지지 않았다. 여전히 도서관은 사람을 가리지 않고 품어주는 장소로 남아 있다. 도서관이라는 장소가 있는 한 세상에는 아직 희망이 남아 있다. 설혹 장소가 변하더라도 그가 향유했던 풍경은 사라지지 않는다. 사람은 풍경을 지닌 힘으로 다음 장면으로 나아갈 수 있다. 우리가 머물 장소는 세상이 내어주는 게 아니라 우리가 시간을 내어준 곳이니까. 세월에 밀려난 게 아니라 자신을 미뤄뒀던 것뿐이니까. 여전히 봄이 오면 꽃이 피고 버스는 용화사 고개를 돈다. 변한 건 살아낸 덕분이고 변하지 않은 것도 살아있기에 보는 거겠지. 사는 게 녹록지 않아 세상에 자신을 위한 장소가 허락되지 않은 기분이 든다면 도서관에 가보는 것도 나쁘지 않을 테지.

누군가 남긴 이야기를 읽는 즐거움이 이곳에 있다. 아직 남은 이야기가 있다는 실감이 여기에 있다. 희망 따위 없는 삶이라 생각했지만 적어도 책을 읽을 정도의 빛은 항상 비추고 있었다. 햇빛이건 달빛이건, 반지하 원룸 형광등이건, 땀에 절여진 몸을 밀어 넣은 심야버스 불빛이건 말이다. 여행 따위 못 가도 아쉽지 않았다. 그래도 책이 있었으니까. 해외에 가지 않아도 우주를 헤엄치고 시간을 탐험할 수 있었으니까. 도서관이 있는 한 길을 잃어도 갈 곳이 있었다. 홀로 버려져도 날 위한 목소리가 있었다. 도서관에서는 남자도 여자도, 어른도 아이도, 부자도 가난한 이도 없었다. 그저 책을 읽는 사람이 있었을 뿐이다. 도서관을 이루는 책처럼 사람들은 저마다의 이야기로 오롯하다. 대단한 일이라야 도전일까. 지금껏 해온 선택들이 모두 도전이었다. 거창해야 모험일까. 여기까지 오기 위해 겪은 모든 일이 모험이었다. 읽어보지 않으면 이야기의 무게를 알 수 없고 살아보지 않으면 이야기의 끝을 모른다. 선택의 여지가 없다고 말하기보다 어쨌든 선택했으니 그걸로 됐다고. 아무 방법도 없다고 여기는 순간, 반드시 가야만 하는 길이 나타나는 거라고. 시대를 잘못 타고난 사람은 없다. 시대를 앞서갔다고 억울해할 필요도, 시대에 뒤처질까 봐 불안해할 이유도 없다. 저마다 자신의 계절을 살아갈 뿐이다. 각자의 이야기를 이어나갈 뿐이다. 생각한 대로 되지 않은 건 그래야만 했기 때문이다. 지금 여기에 있는 건 이곳이 내가 와야만 했던 장소이기 때문이다.

마침표를 찍어야 새로운 이야기가 시작되고 쉼표를 찍어야 긴 이야기를 할 수 있는 법인데 자꾸만 잊게 된다. 어느 길로 가도 꽃은 다시 피고, 어느 길로 가도 봄은 스러지지 않던가. 어김없이 새날이 밝지만 언젠가는 막다른 곳에 이르는 것이 삶 아니겠는가. 어떤 길을 택하건 이곳이 나의 세상이다. 오늘의 세계를 껴안아 줘야지. 꽃길이 아니면 어때서. 나비를 좇아 걸으면 저절로 춤이 될 테지. 이런 일도 저런 일도 결국 추억이 될 테지. 마음을 다한 과정을 가졌다면, 스스로 선택한 길을 걸었다면 그것만으로 성공이고 행복이 아닌가. 인생은 결국 하나의 과정이고 끝이 예정된 여행이 아니던가. 어디에 닿는지가 중요할까. 어디로 향하고 있는지가 본질이지.

귀가 들리지 않아도 노래하는 법은 잊지 않았다면 괜찮

다. 냄새를 맡을 수 없어도 꽃 앞에 멈춰 설 여유를 잊지 않았으면 괜찮다. 다리가 부러져도 목이 꺾이지 않았다면 괜찮다. 사람을 잃었지만 추억은 빼앗기지 않았다. 비가 와야 꽃이 피고, 뙤약볕을 견뎌야 열매를 맺고, 잎이 져야 새순이 돋는 법이니까. 세상의 중심에서 밀려났지만 여전히 생의 한가운데에 있다. 청춘은 지나갔지만 이야기는 지금부터 시작이다.

죽는 것보다 읽는 게 낫다

사랑한 이름이 쓸려가고 그림자마저 지워질 만큼 울었던 때가 있었다. 삶을 놓으려 했던 스물넷보다 비참한 시절이었다. 정신을 잃을 때까지 술을 마셔도 기억은 흐려지지 않고 상실감만 선명해졌다. 나를 놓아버리니 모든 것이 꼬이고 망가지는 게 당연했다. 기억 상실의 날들을 보내다 보니 해가 바뀌었다. 조카가 태어나고 어떻게든 살아야겠다고 마음먹었지만 견디기 힘든 건 마찬가지였다. 그래서 다시 도서관으로 도망쳐 탐욕스럽게 책을 읽었다. 일하고 읽는 것 외에는 아무것도 하지 않았다. 도장을 깨는 대신 작가를 깨고 다녔다. 도쿄타워라는 책이 마음을 울리면 에쿠니 가오리란 작가가 쓴 책을 모조리 읽어버리는 식이었다. 출간 순서를 따지지도 않았고 시인지 소설인지 수필인지도 가리지 않았다. 어떤 책은 내용도 제대로 떠오르지 않지만 그의 이야기를 읽는 동안 느꼈던 다정한 온기만은 등 언저리에 남아 있다. 그녀의 책을 모조리 읽고 곧바로 다음 작가로 넘어갔다. 망가진 나를 직시하는 대신 책을 읽었다. 박민규, 천명관, 김연수, 이사카 고타로, 오쿠다 히데오. 마음의 목소리에 귀를 기울이는 대신 그들의 이야기에 몸을 맡겼다. 허겁지겁 먹어치우는 문장에도 공감했지만 현실에서 일어나는 일은 실감하지 못했다. 아픔은 사라지지 않았지만 슬픔을 짊어지고 있다는 사실은 잊을 수 있었다. 페이지를 넘기는 동안만은 어제에 머무른 채 한 걸음도 나아가지 못하는 나를 외면할 수 있었다. 아무것도 생각하지 않았다. 그게 내가 해야 할 유일한 일인 것처럼 책을 읽었고 무수히 많은 문장을 옮겨 적었다. 문제를 해결하는 대신 이야기에 빠져있었다. 웃기도 싫고 울기도 질려서 그저 읽기만 했다. 문장에 얼굴을 묻고 시절을 흘려보냈다.

탐욕스럽게 책을 읽은 건 본능적인 회피 반응이었던 것 같다. 내게 일어난 비극적인 이야기를 다른 이야기들로 덮어 보려 한 건지도 모른다. 독을 마시고는 해독제 대신 물을 왕창 먹어 희석하는 무식한 짓을 한 거다. 삶을 놓고 싶을 때마다 정호승 시인의 <산산조각>을 주문처럼 외우며 버텼다. 그러는 동안에도 이야기들은 한밤에 내리는 눈처럼 마음에 쌓이고 있었다. 무게는 느낄 수 없었지만 읽는 동안만은 포근했다. 무식한 시도였지만 조금은 먹혔다. 이야기가 지닌 힘과 세월의 상호작용으로 벗어나지 못할 것 같던 고통은 희석되었다. 약간의 후유증은 남았지만 품고 살아갈 정도로는 회복되었다. 죽는 것보단 읽는 게 나은 일이었다.

어떤 책이라도 결말은 있었다. 어떤 이야기도 영원히 이어질 수 없었다. 사랑에 끝이 있다면 아픔에도 끝이 있을 터였다. 지금의 아픔을 품고 살아갈 수 있다면 지나간 사랑 역시 그러할 테니까. 어쩌면 그래야만 하나의 이야기가 완성되는 건지도 모른다. 생각지도 못한 결말이었지만 그것 역시 그래야만 했던 건지도 모른다. 잃어버린 건 잊을 수 없게 된다. 멀어진 것은 훼손되지 않는다. 바라지 않았던 결말이라고 해서 그때의 진실이 사라지지는 않는다. 지나고 나면 좋았던 일도 나빴던 일도 이야기가 된다. 어떤 일이라도 좋은 면과 나쁜 면이 있기 마련이고, 마음이 어느 쪽 손을 들어주는지에 따라 다른 세상을 살게 되는 거다. 삶에서는 편애가 미덕이 된다. 지난 후에 이야기가 될 지금을 기쁨으로 하자.

이야기 하나가 끝나면 다른 이야기가 시작되듯이 삶에도 다른 무대가 있을지도 모른다. 내일을 잃어버렸다고 오늘까지 놓아버릴 필요는 없었다. 어쨌든 이야기는 계속될 터였다. 남은 이야기를 일종의 번외 편으로 생각해 버리기로 했다. 덤으로 얻은 기회, 보너스로 주어진 시간이라고 생각하니 두려움은 옅어지고 마음에 평온이 깃들었다. 그저 서사의 일부일 뿐이니까. 이야기의 조각이라 생각하면 견디지 못할 일이 있을까. 이렇게 된 것은 이렇게 되어야만 했던 거다. 지금 여기가 내가 있어야 할 장소다. 지금이 반드시 쓰여야만 했던 문장이라면 다음 장면부터는 내 뜻대로 써보기로 하자. 그렇게 마음먹었다. 끝난 이야기를 다시 쓸 필요는 없다. 어떤 이야기를 시작할지 지금 당장 결정할 필요도 없다. 마음을 다해 지금 한 줄을 쓰면 된다. 진심이라면 결국 진실이 될 테니까. 마음에 응어리진 이야기들을 풀어내기 시작했다. 형편없는 글이었지만 계속해서 썼다. 아무 의미도 없는 글이었지만 마음은 가벼워졌다. 연습장을 몇 권쯤 채웠을까. 몇 년 동안 외면하던 거울을 다시 볼 수 있게 되었다.

    그날 이후로 행운을 바라지 않는다. 지금 이곳에 있는 내가 기적이라 믿기에 그렇다. 매일 주어지는 새로운 하루가 축복인데 행운까지 바라는 것은 과욕으로 느껴진다. 노력의 결과가 달콤하기보다 마음을 다할 무언가가 있다는 것만으로도 기쁨이라 여기기로 했다. 과정을 오롯이 누리려 애썼다. 마음을 줄 누군가가 있다는 것만으로도 감사하다 여기고 기꺼이 시간을 내어주려 했다. 이 별을 여행할 기회를 얻은 것보다 더한 행운이 있을까. 가까이 보면 비극. 멀리서 보면 희극. 아무려면 어떤가. 인생이란 드라마의 주인공으로 살고 있는데, 하나뿐인 이야기의 지은이로 살아갈 텐데.

    내일 무슨 일이 생길지는 신만이 알겠지. 오늘을 사랑하는 것이 지금 내가 해야 할 일이다. 지난 후에 찬란하지 않은 때가 없듯이 다가오는 날 중에 눈부시지 않을 순간이 없다. 이야기가 멈추는 곳이 어디인지는 신만이 아실 테지만 이야기를 어디로 이끌지는 나의 일이니까.

카스테라처럼 켜켜이 쌓인 나날들

나의 청춘은 붉은 담요 한 장을 들고 <갑을 고시원>을 전전했다. 바깥에서도 목소리를 내지 못하고 집으로 돌아오는 길에 발소리도 내지 못하는 무음의 인간이었다. 메말라가는 통장 하나가 생명줄이었다. 나에 대한 믿음마저 잃을 때가 있었지만 사랑에 대한 확신은 흔들리지 않았다. 부끄러운 시절을 살았지만 누군가를 부러워하는 사람은 되지 않았다. 세상에 밀려나지 않으려 애쓴 순간도, 사회의 틀에 맞추기 위해 도려낸 나의 부분들도, 사람들과 부딪치며 흘린 눈물들도 모두 모여들어 보드랍고 달콤한 생의 조각이 되었다. 나의 세계에서 나의 산수는 결코 틀린 적이 없었다. 나의 생 안에서 나의 이야기는 잘못될 수 없었다.

아팠던 날도 힘들었던 시절도 지나고 나니 모두 그리운 장면이 되었다. 어차피 그리워하게 될 오늘이라면 미소로 기억할 지금을 살아야 한다. 성적을 내지 못하면 어떤가. 프로가 되지 못하면 어떤가. 저마다의 세월을 살아내다가 강 저편으로 건너갈 뿐이다. 나의 삶을 응원해 주어야지. 타인에게 무언가를 증명하려 애쓰지 않고 나를 위한 순간을 삶의 증거로 삼아 나아가면 된다. 자신을 포기할 만큼 중요한 일은 없다. 자신을 갈아 넣으면서까지 이룰 가치는 없다. 꼴찌면 어때서, 뒤쳐지면 어때서, 나의 삶을 사랑할 수 있는데. 어딘가에 소속되지 못해도 나의 삶이 나에게 속해있다면 그걸로 괜찮지 않은가. 나를 위해 일하고, 쉬고, 뒹굴고, 놀아야지. 우연찮게 날아든 인생이라는 행운을 즐겁게, 아낌없이 펑펑, 남김없이 모조리 쓰고 가야지.

세계가 나를 '깜빡'하면 어때서 스스로 '반짝'이면 되지 않나. 세상이 나를 어떻게 대하든 자신을 '소외'시키지 않고 살아갈 수 있다면 그걸로 됐다. 나의 '펑퐁'을 긍정할 것이다. 세상이 핑하면 나는 퐁할 것이다. 상황에 대응한 행동이 나의 이야기가 될 테니까. 몇 번째 트랙인지는 몰라도 지금 들리는 노래에 몸을 맡길 것이다. X같은 세상에 Y를 던지며 나의 위상을 결정할 것이다. 닭이 먼저인지 달걀이 먼저인지는 모르지만 생명이 끝난다면 운명 따윈 상관없을 테니까. 뭐가 중요한지 알 수 없을 때는 일단 던지고 보는 거다. 뭐가 핵심인지 모를 때는 일단 끝까지 가보는 거다. 이유를 알지 못해도 일단 살아보는 거다. 변명해도 된다. 도망가도 된다. 세상에 그렇게까지 중요한 일은 없다. 변명을 하면서도, 때로 도망치면서도 지켜야 할 만큼 인생이 가치 있기 때문이다. 아침에 눈꺼풀을 들어 올리는 것도 승리다. 비오는 날 출근길도 승리다. 하루를 버티는 것도 승리다. 무사히 집으로 돌아오는 것도 승리다. 제자리를 맴도는 것 같지만 제 자리를 지켜낸 거다. 오늘도 세상에게 나의 자리를 뺏기지 않은 거다.

『카스테라』 박민규, 문학동네 2005

모미지마치 역 앞 자살센터

국가가 공인한 자살센터가 있다면 어떨까. OECD 자살률 1위의 압도적 챔피언. 매년 14,000명이 자살한다. 2시간에 23명이 목숨을 끊는 셈이다. 계산기를 두드리는 내 모습이 혐오스럽다. 1시간에 1.5981이라는 숫자 앞에서 당혹스럽다. 1명의 사람으로 인정받지 못한 소수점 앞에서 서글프다. 이토록 처참한 상황을 모두가 덤덤히 받아들이는 현실이 오히려 소설 속 자살센터보다 무서운 건 나뿐일까. 내가 사는 지역 인구가 12만 남짓이니 8년마다 도시 하나가 사라지는 거다. 텅 비어 있는 도시를 상상해 본다. 학교에도, 마트에도, 거리에도 사람이 없다면 얼마나 섬뜩할까. 목숨을 끊은 이들 중 귀하지 않은 생명이 있었을까. 그들 중 간절히 살고 싶지 않았던 사람이 있을까. 세상을 전쟁터로 내버려두는 한 자살은 결코 남의 일이 아닐 것이다. 자살의 원인을 모두 없애지는 못할지라도 자살에 대한 인식은 바꿀 수 있지 않을까. 제대로 살고 싶었던 사람만이 자살을 생각한다. 목숨을 끊는 것은 나약함 때문이 아니다. 살고 싶은데 사는 게 뜻대로 되지 않았을 뿐이다. 그들에게 문제가 있는 것이 아니라 잠시 길을 잃은 것뿐이다. 그들을 패배자로 단정할 수 있을까. 성공한 기업가, 대중의 사랑을 받는 연예인, 권력의 중심에 선 정치가도 스스로 목숨을 끊는다.

자살 시도자는 훨씬 많다. 경기도 안산의 반지하방에서 손목을 그은 청년이 있었다. 목숨을 끊으려 했지만 죽고 싶어서가 아니었다. 너무 힘들면 자신이 무슨 생각을 하는지도 모르게 되어버리는 거였다. 죽는 것 외에는 탈출구가 없다고 생각했다. 비단 그때뿐이었을까. 빠진 채 내버려둔 어금니 같은 인생이었다. 악물다 부러진 송곳니 같은 사람이었다. 자해와 자괴로 범벅된 시절이 길었다. 눈 뜨면 절망 눈 감으면 악몽이던 날들이 있었다. 그러니 죽지 말고 살아 보라고, 살다 보면 좋은 날이 온다고, 사는 게 다 그런 거란 말 따윈 할 수 없다. 그저 그의 손을 붙잡고 여기까지 와주어 고맙다고, 그래도 살아있어 다행이라 여길 순간이 있을 거라고, 그것 또한 추억이라 여길 날이 올 거라고 말해주고 싶다.

　아무도 붙잡아주지 않는다고 느낄 때 사람은 다리 위로 올라가 수십 미터 아래로 몸을 던진다. 누구도 손을 내밀어주지 않을 때 사람은 스스로 목을 매달아 삶에 마침표를 찍는다. 이제 자살 따위 뉴스거리조차 되지 않는다. 일가족이 목숨을 끊어도 타인의 일일 뿐이다. 세상이 그런 거라고, 사는 게 그런 거라고 이야기할 때마다 생명의 존엄은 가라앉는다. 말 한 마디 섞어 본 적 없는 이의 죽음에 슬픔을 느낀다. 얼마나 힘들었을까. 무엇이 그를 힘들게 했을까. 실제로 본 적 없어도 마치 알았던 이의 죽음처럼 느껴진다. 극단적 선택을 한 유명인들의 뉴스를 접한 사람들은 말한다. 돈도 많으면서, 복에 겨워서, 뭐가 부족해서, 남은 사람은 어떻게 하라고, 말로 가볍게 넘기기는 쉽지만 괴롭지 않은 삶이 어디 있을까. 저마다 짐을 지고 나아간다. 타인에게는 쌀 한 톨 크기로 보여도 당사자에게는 지구보다 무겁다. 살아보지 않은 타인의 삶을 평가할 수 없다. 모두의 삶을 구할 수 없다 해도 누구도 그렇게 홀로 죽도록 내버려둬서는 안 되는 게 아닐까. 어찌 함부로 말할까. 두 손을 모으며 이제라도 평안을 찾았기를 바랄 뿐이다.

온 힘을 다해 살아오지 않았나. 삶을 놓고 싶은 순간이 어찌 한두 번이었을까. 그럼에도 살아남았지 않은가. 승패로 나눌 수 없는 가치가 생에 깃들어 있다. 떠난 이에게 불행을 짊어질 의무가 없듯, 남은 이에게는 기쁨을 누릴 권리가 있다. 그저 즐겁게 살아가면 된다. 어차피 끝날 인생 아닌가. 모른 척 자버려도 땅 안 무너지니까. 술 한 잔 한다고 전쟁 안 터지니까. 막 살아도 불법은 아니니까. 이왕 사는 거 좀 편하게 살아보자. 여기까지 온 것만으로도 그 정도 자격은 있다. 살아남는 것보다 가치 있는 일은 없다. 그냥 오늘 나에게 잘해주기로 하자. 그러면 세상도 조금은 나아질 거다. 나도 세상의 일부이니까. 괴로운 순간일수록 자신을 즐겁게 해 줄 일을 찾아야 한다. 세상에 일어나는 모든 일에는 이유가 있다. 하지만 이유를 모두 알아야 하는 건 아니다. 생에 일어나는 일에도 전부 이유가 있지만 꼭 지금 알아야 하는 건 아니다. 걱정하지 않아도 된다. 뭐라도 되겠지. 어떻게 살아도 어쨌든 인생이긴 할 테지. 때로는 아무것도 아닌 하루를 자랑스러워해도 괜찮다. 적어도 자신을 괴롭히지는 않았으니까.

아무것도 하기 싫은 날이 있다. 뭘 해도 우울하고 무기력하기만 하다. 그럴 때는 내가 왜 이런 건지 이유를 따져 마음을 피곤하게 만들지 않기로 하자. '어떻게든 되겠지' 생각해버리면 가벼워진다. 이유를 알지 못하면 어때서. 사람이니까. 기계가 아니니까. 가끔 그럴 때도 있는 거지. 이래도 되나 싶은 날은 그래도 되는 날이다. 남는 게 없으면 어때서. 삶이 아무것도 아닌 게 되지는 않는데. 사랑했으면 된 거고 즐거웠다면 된 거다. 꿈 꿀 수 있었으면 그걸로 충분한 거다. 남는 게 없다고 말하지 않기로 하자. 아무것도 남기지 않기 위해 애쓰기로 하자. 길게 보면 불안해진다. 멀리 보면 조급해진다. 봄날만 계속된다면 곡식이 여물지 않을 테지. 찬이슬을 맞고 곡식이 영글듯 상처가 아물며 마음이 영그는 거겠지. 포도나무가 척박한 환경에서 뿌리를 뻗듯이 지금의 시련이 영혼을 깊어지게 만들겠지. 때로는 모든 걸 통제하기보다 그저 통과하게 내버려두는 편이 낫다. 여린 꽃에도 거센 폭풍을 버텨낼 생명력이 깃들어 있다. 결국 지나갈 테고 다시 시작할 수 있을 테니까. 언젠가 좋은 날이 올 거란 말은 거짓말이다. 그래도 괜찮아지는 날이 올뿐이다. 선명했던 슬픔은 불확실한 인생에서 확신할 수 있는 무언가가 된다. 견디기 힘든 고통의 순간, 인간은 어느 때보다 자신의 존재를 확실히 느낀다. 이것만은 잊지 않았으면 한다. 세상에 살아보지 않아도 좋을 생은 없다. 그래도 생은 말해져야만 한다. 지금 그런 생각을 하는 이가 있다면 자신에게 두 번째 기회를 주기를 바란다. 열심히 살아낸 당신에게는 그럴 자격이 있으니까. 삶에는 자격 따위 필요하지 않으니까. 생명은 그 자체로 반짝이는 것이니까.

『모미지마치 역 앞 자살센터』 미쓰모토 마사키, 북스토리 2014

영혼이 허기질 때

　한때 쓸쓸하지만 따스한 그의 문장을 사랑했었다. 폭식증에 걸린 사람처럼 와구와구 문장을 삼키던 시절에 그를 만났다. 아마 박민규와 김연수, 천명관의 세계를 통과한 뒤였을 거다. 미친 듯이 읽다 보니 하루에 몇 권으로는 모자랐다. 웹소설이라는 개념이 갓 등장했을 때였다. 다음 문학 속 세상에 연재되는 김지훈의 『더미』라던가. 백영옥의 『실연당한 사람들을 위한 일곱 시 조찬 모임』이라던가. 네이버에서 연재하던 조정래의 『정글만리』까지 닥치는 대로 읽었다. 워낙 엉망진창이던 때라 몇 년의 기억이 뒤죽박죽이라 명확하지는 않다. 생각만 해도 울음이 터지고 잠시라도 마음을 놓으면 눈물이 흐르던 그런 때가 있었다. 멍하니 누워 있어도 어느새 눈물이 귀에 고였다. 슬픔의 파도를 타고 헤매다 황경신의 책을 만났다.

그로부터 십 년이 지났다. 책이 있었기에 밥을 벌며 겪는 무참한 일들을 견뎌낼 수 있었다. 사랑을 잃은 밤을 무사히 지나올 수 있었다. 사람에게 버림받은 날에도, 삶을 놓고 싶었던 밤에도 책은 내 곁에 있었다. 오늘 문득 『생각이 나서』를 다시 펼친다. 서른 페이지를 넘길 때까지 '내가 이 사람을 왜 좋아했었지?' 그런 마음이었다. <만나기 전에>편을 읽기 전까지는 그랬다. '아, 이래서 내가 이 사람을 좋아했었구나.' 그는 그 시절의 나를 살리는 문장이었다. 슬픔을 건너게 하는 다리였다. 이미 지나왔다고 별거 아닌 취급을 해서는 안 되는 거다. 언제 다시 그러한 일을 겪게 될지 모르는 것이 인생 아니던가. 그의 문장이 그러한 시절을 건너는 누군가를 위해 그 자리를 지키고 있을 거라 생각하니 왠지 코끝이 찡해진다. 마음이 식으면 그 사람 어디가 그렇게 좋았을까 싶지만 그건 처음의 설렘으로부터 먼 길을 걸어왔기 때문이지 그때의 반짝임이 사라진 것은 아니니까. 그 시절 영혼의 허기를 달래주었던 문장이 이곳에 있다. 한 뼘 크기의 책이 한때 내가 디딜 수 있는 유일한 땅이었다.

오래전 영화를 다시 보면 그때의 나와 함께 앉아 있는 기분이 들 때가 있다. 오래전 듣던 노래가 나오면 그 시절의 내가 아직 살아있음을 느낀다. 오래전 손잡고 걷던 거리에는 그가 없지만 그 길을 걸어야만 이곳으로 올 수 있었음을 지금의 나는 알고 있다. 어쩌면 사랑이란 건 그 순간 내가 살아날 길을 찾는 일인지도 모른다. 매 순간 반드시 만나야만 할 사람의 손을 잡고 여기까지 온 거다. 서로를 이곳으로 데려다주기 위해서였다. 그 사람이어야 했고, 여기까지여야만 했던 거다. 그때의 우리는 얼마나 찬란했던가. 너는 곁에 없지만 나의 사랑은 그곳에 있다. 그곳에 서 있는 우리에게 미소를 지어줄 수 있는 나이가 되었다. 우리가 쓴 이야기는 내 안에 있고 이야기는 이곳에서 다시 시작된다. 어쩌면 책을 읽는 건 이야기의 힘이 삶에도 깃들어 있음을 잊지 않기 위한 행위일지도 모른다.

『생각이 나서』 황경신, 소담 출판사 2010

아무튼 술 ZIP

『아무튼 술집』을 장미가 흐드러지게 핀 공원 옆 맥줏집에서 읽고 있다. 벚꽃이 만발한 봄날 처음 찾았던 가게다. 그날 웬일인지 낮술이 하고 싶었다. 바람에 흩날리는 꽃을 보며 마시는 건 꽤나 호사스러운 경험이었다. 그때 이후로 종종 맥주를 마시러 온다. 이곳은 오후 2시에 와도 테이블을 채운 사람들이 있다. 손님은 대체로 주부들이다. 아이를 데리러 가기 전에, 신랑이 퇴근하기 전에, 애들이 학원이나 학교에서 돌아오기 전에, 잠깐의 망중한이 필요한 그들에게 이곳은 오아시스다. 날이 좋지 않아 하루를 공친 사내도, 새벽 조업을 마치고 온 선원도, 근처 미용실 사장도 섞여 앉아 있다. 이때가 아니면 마실 수 없는 사람들도 있는 거겠지. 얼린 잔에 나온 생맥주로 한숨 돌린 다음 돈가스를 한 입 먹으면 바삭한 껍질과 소스, 마요네즈와 청양고추가 펼치는 맛의 향연. 그날 무슨 일이 있었건, 어떤 기분이었건 즉시 행복 모드로 전환된다. 흠이라면 가게 안 데시벨이 꽤나 높다는 것 정도일까. 어찌나 목소리들이 크신지 저절로 정신 수양이 된다. 듣고 싶지 않아도 귀에 와 박히는 엄청난 성량. 피검사를 했다. 몸무게가 빠졌다. 우리 신랑은 나를 포기했다. 간수치가 얼마다. 두서없는 이야기가 스며들면서 내 삶도 그리 나쁜 것만은 아니라는 기분이 들기 시작한다.

지금껏 거쳐 온 술집들을 생각한다. 'REMIX' 레몬소주와 체리 소주를 팔던 항남동 투다리, 강구안 옆의 호프집 뾰뽀로와 도남동의 다찌집을 떠올린다. 개양터미널 옆 로바다야끼의 콘치즈와 상록수 역 앞 포장마차의 우동을 떠올린다. 진주역 1번 포장마차에서 먹던 두루치기를 떠올린다. 츠쿠네가 맛있었던 평거동의 술집과 명란 감자구이가 일품이었던 경주의 술집을 생각한다. 전국 곳곳에서 마셨다. 어제를 잊기 위해 마셨고 오늘을 견디기 위해 마셨고 내일이 두려워서 마셨다. 어제를 기억하기 위해 마셨고 오늘을 껴안기 위해 마셨고 내일을 꿈꾸기 위해 마셨다. 술을 팔면 어디라도 술집이었다. 함께 취해 웃고 울 사람들이 있으면 어디라도 좋았다. 희로애락이 술 마실 이유가 되었고 술이 있으면 모든 음식이 안주로 변신했다. 희망보다 절망을 먼저 배워야 했던, 뜻대로 되지 않았던 인생에서 술은 언제나 나의 친구였다.

술, 참 많이도 마셨다. 위스키, 보드카, 테킬라, 브랜디, 드라이진, 고량주, 칵테일, 지역별 소주에서 각 나라의 전통주까지. 선물을 받았다 하면 술이었고 사람을 만나면 술이었다. 윈저, 발렌타인, 스카치 블루로 시작된 위스키 여행은 싱글 몰트 위스키로 이어졌다. 글렌 시리즈에서 (글렌은 계곡이란 뜻으로 스코틀랜드 양조업자들이 잉글랜드 침략자들의 세금을 피하기 위해 계곡으로 옮겨간 데서 비롯했기에 유서 깊은 양조장이 많다.) 나의 사랑 맥캘란까지. 지금껏 선물 받은 양주 값만 해도 중고차 한 대는 뽑을 수 있을 테고 술집에 쏟아 부은 돈이면 아파트 한 채는 장만했을지 모른다. 그러나 술을 마셨기에 여기까지 흘러올 수 있었다. 그때의 나에겐 술이 필요했었다. 무언가를 잊기 위해서. 무언가를 기억하기 위해서. 어떤 이유로든 그래야만 했다. 술과 함께 싹튼 사랑도, 술로 놓친 인연도, 술이 있어 견딘 날도, 숙취 때문에 괴로웠던 날도 나의 이야기였다. 지글지글 툭툭 뒤집어지는 돼지구이에 마시는 소주의 맛, 아삭한 겉절이에 마시는 막걸리의 맛, 겨울날 따끈하게 데운 정종의 맛, 양꼬치에 곁들인 연태고량주의 맛, 산을 탄 다음에 마시는 동동주의 맛과 모래사장 비치체어에 기대 마시는 캔맥주의 맛, 냉동실에 넣어둔 테킬라에 곁들인 레몬 슬라이스의 맛, 드라이진에 곁들인 올리브의 맛, 위스키에 곁들인 피스타치오의 맛, 브랜디에 곁들인 고독의 맛. 기쁜 날에는 잔을 부딪치고 아픈 날에는 나에게 술을 따라주며 건너온 인생의 맛. 희로애락이 모여 삶이 되고 일곱 가지 색이 어우러져 무지개가 되듯이, 쓰고 달고 차갑고 독한 술에 매달린 밤들이 나의 이야기가 되었다.

『아무튼 술』 김혼비, 제철소 2019

상실의 언어로 삶을 배우다

아버지 산소에 다녀오는 길 진주에 들렀다. 익숙했던 거리가 그새 낯설어졌다. 한 사람을 따라 이곳으로 옮겨왔었고 그를 보내고도 떠나지 못했던 장소다. 혹시라도 그가 돌아왔을 때 기다릴 사람이 없을까봐 이사조차 하지 못했다. 사랑과 이별하고 청춘을 상실했던 곳이다. 다시 올 일 없을 줄 알았던 거리를 걷는다. 몇 년 동안 이별의 고통으로 잠을 이루지 못했다. 도대체 왜 내게 이런 일이 일어났는지 납득하지 못하던 시절이었다. 세상에 대한 원망과 자신에 대한 혐오로 가득하던 때였다. 생각이 많다고 좋은 것만은 아니었다. 생각을 오래 한다고 좋은 것도 아니었다. 결정을 망설이는 동안 가능성은 내게서 멀어지고 있었다.

그때 엘리자베스 퀴블러 로스의 『상실수업』을 읽었다. 책 속에 박혀 있는 상실의 조각에 찔려 아파했다. 자식을 잃은 부모, 병으로 남편을 떠나보낸 아내, 평생을 약속한 사람과의 이별, 사고로 친구를 잃은 남자. 상실은 언제나 뜻밖의 방식으로 일어나고 원하지 않았던 모습으로 나타난다. 저마다의 상실이 모두 내 것 같았다. 그녀는 내게 상실의 순간을 어떻게 받아들일 것인지 물었지만 대답할 수 없었다. 한 권을 통째로 필사했다. 가슴에 새긴 문장을 빼고 다시 옮겨 적었다. 다시 또 다시, 계속해서 옮겨 적었다. 그러는 동안에도 마음은 부정하다가 화를 냈다가 절망하다가 받아들였다가 다시 무너지는 과정을 되풀이했지만 그러면서 상실은 구체화되었다. 내가 무엇을 잃었는지 알게 되었고 상실이 지닌 의미를 깨닫기 시작했다. 상실과 함께 살아갈 수밖에 없음을 납득하게 되었다. 무엇도 상실하지 않고 살아가는 사람은 아무도 없으니까. 젊음을 잃고, 사랑을 잃고, 꿈을 잃고, 열정을 잃고, 추억을 잃고, 믿음을 잃으면서도 그래도 살아간다. 그럼에도 사랑하는 것이 남아 있기에 살아야 한다. 사랑할 것이 남지 않았다면 삶이 나를 사랑하게 만들 순간인 거다. 상실은 어디서나 일어나는 일이며 언제라도 일어날 수 있는 일이다. 지금도 이 순간을 상실하고 있다. 지금의 푸름을 사랑하는 것 외에 내가 할 수 있는 일은 없다. 상실했다고 느낀 모든 것은 특별했다. 나를 아프게 한 모든 이름은 소중했다. 상실했다고 해서 없었던 일이 되지는 않았다. 선명한 아픔은 그때를 비추고 있었다.

몇 년이 흘렀다. 푸른 잎이 나뭇가지를 껴안듯 살다 다시 이곳에 왔다. 바뀐 장소도 그대로인 풍경도 반갑기만 하다. 힘겨울 때도 있었지만 참 예뻤던 시절이었다. 오늘도 돌아보면 빛나고 있겠지. 마음을 다해 노래할수록 반짝이겠지. 장소는 사라져도 쌓은 추억은 그대로다. 사람은 멀어져도 그와 함께 쓴 이야기는 남는다. 그래도 봄은 오고 기어코 봄은 간다. 찰나를 힘껏 끌어안을 뿐이다. 계절은 계속되는 동시에 사라지는 것이어서 꽃 진 자리에 초록이 돋고 꽃 한 송이 질 때마다 봄은 한 마디씩 사라진다. 계절은 지금 이 순간도 이어지고 또 사라진다. 오늘의 봄은 내일의 봄이 아니며 오늘의 여름은 어제의 여름과 다르다. 운명은 삶이 한바탕 꿈이 아니라는 걸 확인시키기 위해 살을 꼬집고 뺨을 때린다. 살아있음은 아픔으로 증명된다. 아픔은 살아있는 존재에게만 허락된다. 그러니 절망할 필요 없다. 다만 아픔이 살아갈 이유가 아니라는 사실만 기억하면 된다. 아픔을 통해 우리는 언젠가 끝이 올 것을 배운다. 끝이 오기 전에 자신을 기쁘게 해야 함을 깨닫는다. 아픔은 노래한다. 계절이 가기 전에 지금을 안아주라고. 시간이 다할 때까지 자신을 사랑하라고. 계절을 소유할 수 있는 사람은 없고 그저 향유할 수 있을 뿐이라고. 바람 되고 물길 되어 세상을 여행하라고. 살아갈 이유 하나 없는 사람이 없고 이유를 필요로 하는 삶도 없으니까. 눈물은 마음이 숨 쉴 틈이었다. 상실은 고통스럽지만 그보다 더한 괴로움은 사랑하지 않는 것으로 아파하는 일이다. 이별은 서럽지만 그보다 안타까운 건 마음을 다하지 못한 채 떠나보내는 일이다.

　　오래전 매일 걷던 거리가 어색한 표정으로 나를 밀어내는 건 이제 나의 길을 가라하는 거겠지. 마음을 다해 살아낸 풍경은 나의 일부가 되었다. 어김없이 핀 겹벚꽃은 너도 너의 자리에서 피어나라고. 청춘을 바쳐 일한 장소는 없어져도 진심을 다해 살아낸 날은 사라지지 않았다고 말하는 거겠지. 누가 보지 않아도 별은 빛을 잃지 않고 이름 짓지 않아도 꽃은 향기를 품는다. 사람도 그렇다. 사랑한 풍경은 온기를 잃지 않는다. 소중히 간직한 풍경은 모두 봄이다. 생의 문장을 이어준 이름들이 있었다. 그들이 아니라면 여기까지 건너오지 못했을 테지. 그들은 내가 살아갈 세계였고 나의 우주를 잇는 징검다리였다. 그들과의 기억이 빛을 잃지 않듯이 사랑의 이름으로 지은 문장은 흐려지지 않는다. 때로 목적지라 생각한 장소에서 멀어지기도 하지만 꽃과 꽃을 잇는 초록이 인생이었다. 지금은 다시 오지 못할 신비의 섬이다. 한때 세계였던 이름을 섬으로 남겨둔 채 우리는 여행을 계속한다. 어디를 향해도 바다가 된다. 세상 어딘가에는 아침이 오고 지금도 어딘가에 꽃이 피어있을 거다. 그러니 기쁨을 찾지 못할 생도 없겠지. 상실한 것이 있다면 빛나던 순간이 있었다는 의미겠지. 상실할 것이 남았다면 소중한 게 남아 있다는 뜻이겠지. 끝없이 상실을 반복하기에 삶은 이토록 반짝거릴 테지. 사라진다고 없었던 일이 되지 않으니까. 사라진 것만이 온전해지니까. 사라질 것을 알기에 망설임 없이 몸을 던질 수 있으니까. 생각한 대로 되지 않아도 괜찮다. 사랑한 대로 삶이 되는 거니까.

『**상실수업**』 엘리자베스 퀴블러 로스, 인빅투스 2014

20세기 소년의 동창회

그들을 만나기에는 차라리 이런 날씨가 어울린다. 우중충한 하늘. 이따금 흩날리는 비. 습기를 머금은 바람. 장마의 한가운데쯤이 적절하다. 이게 몇 년 만이던가. 카페는 공설운동장으로 들어가는 골목 2층에 있었다. 그들이 기다리는 카페로 들어선다. 슬리퍼로 갈아 신고 코너를 돌자 반가운 얼굴들. 술 마시면 무서운 흥구 형이 먼저 보인다. 진구 형은 여전히 밉상이었지만 폭주족이던 영길은 선생님이 되었다. 쇼타 군은 초밥집 사장다운 관록이 붙었다. 전일은 여전히 사고가 끊이지 않는다며 하소연을 늘어놓고 켄지 삼촌은 기타를 치며 노래를 시작한다. 무심한 세월의 흐름에도 무사히 이곳에 와준 그들이 얼마나 고마운지.

이렇게 하릴없이 몸을 맡겨본 게 언제였더라. 항상 누군가를 만나거나 무언가를 하기 위해서만 움직였다. 뭐라도 하지 않으면 불안해서 나를 가만히 내버려두지 못했다. 피로를 그날의 전리품으로 삼고 고통을 버티는 것을 승리라 생각했다. 저녁이 없는 삶을 열심히 살아낸 증거라 여겼다. 나는 내 삶에서 부재중이었다. 통장에 찍히는 숫자가 희망이었고 자랑이었으며 모든 것이었다. 바늘 하나 꽂을 여유도 없는데 기쁨을 놓을 곳이 있었을까. 매일이 선물인데 풀어 볼 시간조차 없이 살았다. 얼마 되지 않는 돈을 벌기 위해 한 번뿐인 삶을 허비하고 있었다. 어차피 두고 가야 할 물건을 모으기 위해서였다. 소품에 집착했었다. 자개를 박은 명함 케이스나 가죽 재질의 담배 케이스 같은 것들. 일상을 버티기 위해 주렁주렁 매달고 다니던 소품들이 나를 구속하는 사슬이 아니었을까. 물건에 집착하느라 삶을 소풍으로 만들지 못한 것은 아니었을까.

만화 카페에 오니 사고로 혼수상태에 빠졌다가 깨어난 기분이다. 잊고 있었던 기억들이 츄르 소리를 들은 고양이처럼 달려들었다. 그래, 보물섬으로 만화 인생을 시작했었다. 그래, 아이큐 점프와 영 챔프가 있었지. 슬램덩크에 열광하던 고등학생이 있었고 쉬는 날이면 책 대여점으로 향하던 청춘이 있었다. 데스 노트, 20세기 소년, 몬스터, 오늘부터 우리는, 반항하지마. 미스터 초밥왕. 수백 수천 권을 읽었건만 까맣게 잊고 살았다. 그날의 풍경이 되살아난다. 오른손엔 만화책이 든 까만 봉지를, 왼손엔 군것질거리를 들고서 슬리퍼를 질질 끌며 집으로 돌아가던 그때. 마치 일요일 오후 2시의 풍경 같았던 그때. 왜 그날의 여유를 잃어버린 채 살았던 걸까. 도대체 무엇을 얻기 위해서였을까.

내가 일하던 약국은 프랜차이즈 카페가 되었고 그녀가 먹이를 주던 고양이들은 사라졌다. 헤아릴 수 없는 사람들이 돌이킬 수 없는 세월 저편으로 사라졌지만 이야기들은 이곳에 있었다. 그들만은 변치 않을 것이다. 낡고 더러워져도 이야기는 훼손되지 않을 것이다. 나의 이야기 역시 그러하겠지. 비틀리고 뒤집히고 무너지면서도 이야기는 가야만 할 장소로 나아갈 것이다. 지금껏 써 온 이야기들은 그래야만 했던 이야기였다. 쓰긴 했지만 내가 쓴 인생이었다. 앞으로 써 나갈 이야기 역시 그러할 것이다. 어떤 이야기를 쓰건 그것은 쓰여야만 할 장면일 것이다. 무슨 일을 겪건 나는 이야기를 읽으며 살아갈 것이다. 책은 도망칠 수 있는 장소였고 고단한 노동을 견디게 하는 위로였다. 절망을 견딜 지혜와 상실을 버텨낼 힘도 책 속에 있었다. 기나긴 어둠 속을 걸어오는 동안에도 책을 읽을 정도의 빛은 나를 비추고 있었다. 그날 무슨 일이 있었건 몇 페이지의 이야기를 읽을 수 있다면 괜찮은 하루가 아닐까. 그렇다면 내게 괜찮지 않았던 날은 없었던 셈이다. 책은 아픔을 견딜 진통제였고 영혼을 일깨우는 각성제였다. 마음을 살찌우는 영양제였고 분노를 가라앉히는 해열제였다. 평생 달고 살 혈압약이며 도무지 끊을 수 없는 마약이다. 만화책을 읽지 않는다고 죽지는 않겠지만 살아갈 기쁨 하나가 줄어들겠지. 가끔 시간의 바깥에 서 있는 이곳으로 와 그들의 이야기를 들어야겠다.

바람의 노래를 들어라

독서는 묘한 일이다. 집 밖으로 한 걸음도 나가지 않고도 세상을 여행할 수 있으니까. 무수한 페이지를 넘기며 먼 길을 왔다. 생에 전환점을 제공한 작가들이 있었다. 밤하늘의 별처럼 빛나는 작가들 중에 무라카미 하루키를 빼놓을 수는 없다. 열여섯, 『상실의 시대』와의 만남을 시작으로 그의 작품을 읽으며 나이 들었다. 그때까지만 해도 하루키는 즐겨 읽는 작가들 중 한 사람이었을 뿐이다. 하루키의 소설에 열광하면서도 에세이는 읽지 않았다. 그의 에세이가 가볍게만 느껴졌었다. 마땅히 있어야 할 것이 없는 가벼움이 아니라, 마땅히 있어야 할 것만 남긴 가벼움이라는 걸 알기엔 어렸다. 시건방진 생각이었지만 그게 신의 한수가 될 줄이야.

그의 소설 중에서도 백미인 작품 『1Q84』가 출간되었을 때 나 역시 생에 가장 행복한 순간을 보내고 있었다. 안정적인 수입, 미래를 약속한 사람, 열정으로 가득한 젊음이 있었으니까. 남부러울 게 없었고 두려울 것도 없었다. 그토록 완벽했던 순간이 『쿨하고 와일드한 백일몽』처럼 깨져 버릴 줄은 상상조차 하지 못했다. 약속도 운명도 미래도 나와 전혀 상관없는 단어가 돼 버렸다. 그와 함께 나누었던 밀어들은 『이윽고 슬픈 외국어』처럼 누구도 알아듣지 못할 언어가 돼 버렸다. 저녁 무렵에 면도를 하며 느끼는 설렘은 다시는 허락되지 않았다. 『여자 없는 남자들』 중 하나가 되어버렸으니까. 색채가 없는 다자키 쓰쿠루는 순례를 떠나 자신의 트라우마를 해결했으나 나는 그러지 못했다. 일상에 매몰된 채 숨만 쉬며 버티는 게 고작이었다.

그때 읽기 위해 남겨뒀던 걸까. 『달리기를 말할 때 내가 하고 싶은 이야기』를 읽으며 스스로를 구원하는 방법을 배웠다. 마음이 마음대로 되지 않을 때 몸을 움직여 마음의 길을 여는 법을 배웠다. 그저 바람을 느끼고 구름을 바라보며 풍경 속으로 들어갔다. 풍경의 일부가 되어 몇 년을 보냈다. 『작지만 확실한 행복』을 나에게 선물하는 연습을 했다. 『위스키 성지 여행』을 통해 증류주의 세계에 입문했다. 양주의 세계는 위스키와 브랜디, 보드카, 테킬라와 드라이진으로 디테일해졌다. 아이리쉬 위스키와 스카치 위스키, 캐나디안 위스키와 버번 위스키, 블렌디드 위스키와 싱글 몰트 위스키를 비교하며 맛보는 순간만은 괴롭지 않았다. 위스키를 마시며 그의 에세이를 읽었다. 『태엽 감는 새』와 『상실의 시대』를 다시 읽기도 했다. 열여섯 고등학생이 느낀 상실의 의미와 서른여섯의 남자가 느끼는 상실의 의미는 무게감이 달랐다. 스물에 받아들인 태엽의 의미와 마흔이 받아들이는 태엽은 전혀 다른 것이었다. 닥치는 대로 그의 에세이를 읽었다. 『먼 북소리』 『도대체 라오스에 뭐가 있는데요?』 『그러나 즐겁게 살고 싶다』처럼 무언가를 변화시키는 에세이도 있었고, 『코끼리 공장의 해피엔드』 『채소의 기분, 바다표범의 키스』 『샐러드를 좋아하는 사자』처럼 변하지 않은 채 이대로 살아도 괜찮다고 말해주는 에세이도 있었다. 삶에 대한 욕구조차 없던 시기였지만 책을 읽는 즐거움만은 남아 있었다.

하루키의 소설을 다시 읽었다. '나'와 함께 수면을 가르는 바람 소리를 듣다가 말라버린 우물을 통해 세계의 끝으로 갔다. 산속의 오두막집에서 10월의 비를 하염없이 맞았다. 거미줄투성이의 계단을 올랐다. 환상과 현실이 뒤섞인 그의 세계, 몽환의 숲을 헤매다 마침내 존재의 바다로 나왔다. 결핍된 삶을, 미완의 나를 사랑할 수 있음을 깨달았다. 그의 소설을 읽으며 사라지고 멀어지고 끝나버린 것들을 떠올렸다. 어둠 속으로 들어가 만질 수 없는 상처를 어루만졌다. 구덩이에서 몸을 웅크린 채 상처가 낫기를 기다렸다. 그가 머리 식히기 용으로 썼다는 에세이는 내 안의 열기도 가라앉게 해주었다. 토마토를 우적우적 씹어 먹고, 따뜻한 롤빵과 샐러드에 차가운 맥주를 곁들이고, 루앙프라방의 사원을 걷다가, 가만히 귀를 기울이면 멀리서 북소리가 들리는 듯했다. 안자이 미즈마루의 대충 그린 것 같은 삽화도 마음을 편하게 만들었다. 그의 에세이를 읽고 있으면 '그냥' 살아있어도 괜찮을 것 같았다. 그저 살아있음으로 충분한 기분이 들었다. 그의 소설을 다시 읽고 에세이를 흘려 넣으며 평온함을 되찾았다.

그러다 친구에게 『직업으로서의 소설가』를 선물 받았

다. 첫 장에는 '어찌 됐든 네 첫 작품을 기다린다.'고 쓰여 있었다. 그리고 그곳에 '어슬렁거리는 자유인' 이라는 표현이 있었다. 그 문장이 내게는 1978년 야쿠르트 스왈로스의 1번 타자 데이브 힐턴의 2루타였다. 숲 속을 어슬렁거리는 호랑이가 떠올랐다. 스스로를 확신하는 존재만이 지니는 느긋한 발걸음이 근사했다. 세상의 중심에서 밀려나더라도 생의 중심에 나를 놓을 수 있다면 그걸로 충분할 것 같았다. 아니, 그래야만 충족감을 느낄 수 있을 것 같았다. 그 순간 나는 글을 쓰며 살기로 결심했다. 글을 써서 밥을 먹고 살 수 있을지는 모르지만 글을 쓰다 죽을 수 있다면 그것만으로도 성공한 인생이 아니겠는가.

그렇게 살다 죽고 싶다면 그것만이 나를 살게 할 유일한 일일지도 모른다는 생각이 들었다. 평화로운 해변에서 끝을 맞고 싶다면 당장 그곳으로 떠나야 한다. 하고 싶어지는 건 해야만 할 일이기 때문이다. 상황이 어떻든 하지 않으면 안 된다는 걸 마음은 알고 있는 까닭이다. 그것 말고는 생각하지 않으면 그것 외에는 나를 무너뜨릴 수 없게 될 거다. 그저 참가에 의의를 두기로 하자. 참가하는 것으로 충분하다면 타인의 시선에 의미를 둘 필요가 없을 테지. 나를 구속할 수 있는 것이 내가 사랑하는 것뿐일 때 어떤 삶을 살 수 있을지 상상해 보았다. 마음 준 것에만 시간을 줄 때 삶은 어떤 가치를 갖게 될까. 가격이 가치를 증명할 수 없게 되면 얼마나 자유로워질까. 과연 내게 시간이 얼마나 남았을까. 주저할 여유가 있긴 할까. 그저 나를 위해 무언가를 하면 어떨까. 몇십 년의 지식보다 수백만 년 동안 생존에 성공한 유전자의 직감을 믿어야 할 때다. 기껏해야 몇십 년 남았을 시간이다. 마음 주지 않은 것에 쓸 만큼 시간이 넉넉하지 않다. 먹고 살만해지면 해보겠다는 건 여흥에 불과하다. 먹고 사는 것만으로 채울 수 없는 허기를 느끼고, 자신을 던져야 꿈이라 부를 수 있다. 본능에 충실하면 적어도 죽고 싶다는 충동은 들지 않겠지. 재미를 느끼는 것보다 의미 있는 일은 없다. 자신을 기쁘게 만드는 것보다 중요한 일이 어디 있을까. 지켜야 할 대상이라면 재산이라 부를 수 있을까. 나를 위해 쓸 수 있어야 재산이다. 그렇다면 시간도 나를 위해 사용되어야 한다. 죽음에 가까워진 이들의 말수가 줄어들듯 자신을 위한 소리를 만들어내지 않으면 삶에서 멀어진다. 지금이 아니면 듣지 못할 노래처럼, 밤이 지나면 시들어 버릴 꽃처럼, 내일은 비가 올 거라고. 그게 오늘을 마주하는 자세여야 한다.

그 순간 두 번째 무대가 시작되었다. 이대로 죽을 수 없다는 절박함이 그렇게 만들었다. 굶어죽기야 하겠냐는 낙관과 해볼 때까지 해보고 안 되면 목을 매겠다는 각오 사이에서 어떻게든 균형을 잡으며 나아가면 된다. 어느 길을 선택해도 흔들리기 마련이니까. 어떤 길로 가면 두렵지 않을까. 원망만 하면 끝이 없고 희망만 하면 시작이 없다. 선택할 때마다 새로운 길이 만들어진다. 강물에 꽃을 심을 순 없으니 몸을 맡겨야 한다. 물결은 바다로 나를 데려갈 거다. 잊고 싶은 이름이 잃을 수 없는 이름이 되었듯이 돌이키지 않아도 좋을 지금은 잊지 못할 추억이 될 테니. 나이라는 페이지를 넘기며 문장을 새긴다. 내게 쌓이는 숫자만큼 이야기는 앞으로 나아간다. 밤하늘에 아무리 많은 별이 빛나더라도 나는 오늘밤 내 방에 불을 켜야만 한다. 지독한 소음에 불과하더라도 나는 나의 노래를 불러야 한다.

1장 도서관으로 도망치다

2장
이야기 속을 여행하다

종이책의 기쁨을 아는 사람이 있는 한,
활자로 구성된 생태계는 사라지지 않을 것이다.
나는 푸른 바람이 부는 이곳에서
종이로 된 책을 읽다 떠날 것이다.

대지의 노래, 김훈

　헤밍웨이가 불이고 하루키가 바람이라면 김훈은 땅이다. 작가의 문장은 대지처럼 나라는 존재를 지탱해 주었다. 그의 소설을 처음 읽었을 때는 천자총통에 직격당한 기분이었다. 주어와 서술어 하나도 떨어뜨릴 수 없었다. 명사는 거기 있어야 했고 동사는 그것이어야만 했다. 그는 필연적으로 이어진 낱말들로 새로운 세계를 창조했다. 그의 문장은 토씨 하나 뺄 것이 없었다. 손톱이 가지런한 이의 문장이었다. 굳은살 사이 돋은 선연한 꽃이었다. 저만치 혼자서 오롯이 피어 있는 이야기였다. 겉으로는 잔잔해 보이지만 서사의 물결은 힘차고 빨라서 흐름을 따라가다 보면 어느새 이야기의 끝에 닿았다. 놓친 문장이 있을까 몇 번이고 돌아가 문장을 쓰다듬었다. 혀에 문장을 올려보고 노트에 옮겨 적었다. 그의 문장에는 바쁜 걸음도 멈추게 만드는 힘이 있는데 주저앉음이 아닌 나아감을 위한 여백이다. 김훈이 쓴 장소는 그대로 풍경이 되고 그가 본 것은 자체로 하나의 현상이 된다. 그는 본질을 꿰뚫는 관찰의 힘으로 세계를 재구성한다. 그의 글에는 여기저기 들이받는 어설픈 사유가 없다. 깊고 긴 호흡으로 사물을 관찰하기만 해도 철학이 된다. 이때의 보여주기는 경박한 뜀박질이 아닌 서서히 차올라 스며드는 강물의 흐름이다. 문장을 자랑하며 사람을 내려다보지 않고 낮은 곳에서 세상을 받아들이는 문장이다. 김훈의 문장은 별을 좇지 않는다. 나를 둘러싼 것들을 세밀히 살피고 맛봄으로써 읽는 이에게 빛이 된다.

솔직히 이순신 장군의 업적을 모르는 사람이 어디 있나. 어릴 때는 위인전으로, 학생 때는 역사책으로, 소설부터 드라마까지 지겹도록 반복된 이야기 아닌가. 그런데도 전혀 다른 이야기였다. 『칼의 노래』는 떠나간 이들이 남긴 이야기를 음미하게 했고, 멀어지며 빛이 된 이들의 삶을 생각하게 했다. 과거에 일어난 사건에 나의 삶을 대입하게 만들었다. 그의 문장에 삶을 비춰보았다. 그의 이야기가 나를 비춰주었다. 첫 소설인 『칼의 노래』로 동인 문학상을 받은 건 당연했다. <

화장>으로 이상 문학상, <언니의 폐경>으로 황순원 문학상, 『남한산성』으로 대산 문학상을 탔지만 수상 이력보다 근사한 것은 대중들의 사랑을 받는 작가라는 사실이다. 이 시대에, 우리나라에 100쇄를 찍을 수 있는 작가가 있다. 눈이 아프도록 세상을 들여다보고 얻어낸 이미지를 적확한 언어로 옮겨낸 그의 소설이 있어 다행이다.

그가 걸었던 사유의 흔적을 더듬더듬 따라갔다. 필사적으로 필사했다. 어둠 속을 헤맬 때도 밤하늘의 별처럼 반짝이는 문장이 있었기에 길을 잃지 않았다. 그의 문장은 단단하게 연결되어 있어 한두 줄만 잘라낼 수 없었다. 한 페이지, 때로는 몇 페이지를 옮겨 적어야 결이 드러났다. 그의 세상에 담긴 지혜로 마음을 채웠다. 이렇게 살아도 되는 걸까, 이대로 괜찮을까, 사는 게 두려워질 때마다 이순신의 죽음과 우륵의 삶을 떠올렸다. 남한산성에서 살고자 했던 최명길의 마음을 생각했다. 어디로 가도 끝이라면 가보지 못할 길이 없다. 누구나 맞이하는 죽음이라면 나로 살다 끝내야 한다고 다짐했다. 이유를 따지지 않으면 시작하지 못할 일이 없다. 이해를 바라지 않으면 끝내지 못할 관계가 없다. 스스로 근거가 되면 자신을 납득할 수 있다.

그의 문장은 닿는 순간 마음에 스며든다. 그의 단어는 점점이 뿌려진 창조자의 물수제비였다. 섬마다 그 자리에 있어야 할 당위성을 갖고 있었다. 섬은 고정된 공간이 아니라 대양으로 뻗어나가는 장소였다. 서사의 힘이 섬과 섬을 이어 바다를 만든다. 어느새 이야기의 물길을 타고 나아가기 시작한다. 문장은 나를 태우고 가 새로운 세상을 보여주었다. 숨을 거둘 때까지 세상과 대적하며 징징 우는 칼의 노래를 듣는다. 그의 몸이 살아있는 한 적들은 업신여기지 못할 것이며 그의 마음이 살아있는 한 생은 그를 외면하지 않을 것이었다. 임금과 적 사이에서 그의 칼은 쉴 수 없었다. 운명에 맞서 이길 수는 없었으나 운명에 지지 않은 영혼이 있었다. 그의 칼에 새겨진 것은 그의 생이었다. 그는 칼 없이는 살 수 없었으나 칼이 있기에 감옥에서 나와 싸우다 죽을 수 있었다. 그는 칼로 자신을 증명해야 했으나 붓으로 자신을 남겼다. 죽임으로 자신을 '증거'했지만 죽음으로 자신을 '증명'했다. 죽음은 그에게도, 임금에게도, 적에게도, 백성에게도 공평하게 찾아오는 것이었고, 언젠가 내게 올 것이었다. 죽어가는, 그렇기에 살아있는 존재의 쓸쓸함을 생각했다. 나의 진용이 어떠해야 할지를 궁리했다. 그가 133척을 한 번에 상대하지 않고 한 척씩 싸워 이겼듯이 내 몸을 부려 지금과 마주해야 한다. 지금의 이름을 짓고 다음으로 나아가야 한다. 언젠가 패배하는 날이 오더라도 그때까지 끌어안고 밀쳐내며 싸워야 한다. 죽음이 각자의 것이라면 삶도 마땅히 저마다의 것이어야 한다. 인생은 영혼이 단독으로 치러나가야 하는 개별적인 전투다. 저마다의 전투는 거룩한 울림이 된다. 각자의 울림이 부딪쳐 세상이라는 노래가 된다.

울림은 『현의 노래』로 이어진다. 신성한 울림은 가야금에서만 나오는 것이 아니었다. 아라의 오줌 소리도, 대장장이 야로의 망치질 소리도, 이사부의 칼질 소리도, 니문의 울음소리도 노래가 되는 것이었다. 살아있는 것을 먹는 소리에도 울림이 있고, 살아있던 것을 내어놓는 때도 소리가 나니 살아있음이 노래였다. 살아있는 것은 소리를 낸다. 우리의 몸이 세상과 부딪쳐 한 음이 되고, 마음과 마음이 부딪쳐 한 음이 되고, 사람과 사람이, 몸과 마음이 부딪쳐 한 음이 된다. 줄들은 저마다의 간격을 두고 늘어서서 하나뿐인 선율을 자아내는 것이다. 모든 것은 끝내 사라질 테지만 우리가 남긴 울림은 남을 것이다. 세상에 남아있는 한 '울림'에 귀를 기울이고 몸을 맡겨야 한다. 소리는 흔들리는 동안에만 존재하지만 곡조는 사라지지 않는다. 끝없이 제 몸을 흔들고 마음을 쥐어뜯으며 노래해야 한다. 그러다가 차례가 돌아오면 제자리로 돌아가는 것이다.

남한산성에 웅크리고 숨어 답을 내어놓지 못하는 왕과 말만 늘어놓는 신하들 사이에서 말과 소의 소리도, 닭 우는 소리도 사라진다. 그 사이에는 말뿐인 말과 마른 바람만 불 뿐이다. 살아있는 것들은 소리 없음 사이에서 죽어간다. 그래도 움직임이 있는 한 성은 완전히 죽지는 않은 것이었다. 대장장이 서날쇠가 전투를 준비하고, 비밀 임무를 맡고, 소녀 나루를 가족으로 맞아 새로운 날을 준비하듯이. 우리는 끊임없이 소리를 만들어내야 하며, 치욕을 겪더라도 살아남아 울림을 이어가야 하는 것이다. 아무리 거대한 말도 저마다의 삶에 깃든 개별성보다 위에 있지는 않다. 타인의 말은 몸의 소리를 이기지 못한다. 흑산에서 정약전은 유배된 섬의 이름인 흑(黑)이라는 글자 대신 지금 여기라는 뜻의 자(玆)를 선택해 자산어보를 쓴다. 이때의 자(玆)는 이곳에 올 빛을 믿는 자의 '말'이다. 몸과 마음의 조화를 꾀하는 자의 '글'이다. 몸과 마음이 어우러질 때 언어는 삶의 길이 되고 생의 노래가 된다.

    전국을 자전거로 달린 것도 그의 책 때문이었다. 자전거 앞뒤 브레이크조차 분간하지 못하던 때였다. 기어 변속을 어떻게 하는지도 몰랐지만 묵묵히 페달을 밟으면 그래도 앞으로 나아갔다. 나아가는 한 무너지지 않았다. 자전거를 타고 달리며 바람을 느꼈다. 살아있음을 느꼈다. 누구나 바람이 될 수 있음을 느꼈다. 한 줄기 바람으로 불다 바깥으로 나가는 것이 인생이라는 걸 깨달았다. 그가 자전거를 타고 그의 세상을 보았듯이 나 역시 내 자전거를 타고 나의 세상을 돌아보았다. 그래야만 내게 돌아올 수 있음을 예감했다. 두 발로 페달을 굴려 본 세상은 자동차 의자에 엉덩이를 걸치고 본 풍경과 달랐다.

속도에 따라, 마음가짐에 따라, 몸을 어떻게 쓰는지에 따라 사람은 다른 세상을 볼 수 있고, 또 살 수 있었다. 몸과 마음을 구분할 수 없는 풍경을 달리다 보면 둘이 만나는 지점이 나타난다. 그곳은 세상에 존재하지 않고 내 속에 자리 잡고 있다. 몸과 마음이 하나 되어 달릴 때에만 나의 세상이 열리는 거였다. 오르막도 내리막도 나아가는 길이었다. 길을 내 몸속에 들였다. 길을 들일 수 있다면 내보낼 수도 있을 터였다. 내 몸이 나아가면 길이 되고 마음이 머물면 집이 되는 거였다. 계절이 두 번 바뀐 늦은 밤, 꼬리에 붉은 빛을 깜빡거리며 집으로 돌아왔다. 그처럼 깊이 보고 헤아려 듣지 못할 것이다. 그처럼 빛나는 지혜를 갖지도 못할 것이다. 그래도 나의 눈으로 보고 귀를 기울여야 한다. 별처럼 빛나는 언어를 갖지 못할지라도 나의 언어에 울림을 담을 수는 있을 것이다. 밤하늘 별이 서늘하다. 내 방에 불을 켠다. 가스레인지에 물을 끓인다. 물이 거품을 내며 끓어오른다. 그대여, 물을 건너지 마오. 물길이 되어 나아가시오. 스스로 파도 되어 세상으로 밀려드시오. 바람이 되어 달려가시오.

그래도 오거 파워 건틀릿

세기말 또래들이 H.O.T와 젝스키스, 핑클과 S.E.S에게 열광하고 있을 때, 나는 방구석에서 후치 네드발의 모험을 응원하고 있었다. 20년의 세월이 흘러 이제는 같은 반 아이들의 이름마저 가물가물하건만 헬턴트 영지의 견습 초장이 후치 네드발, 경비대장 샌슨 퍼시발, 칼 헬턴트, 운차이, 엑셀핸드, 이루릴 같은 등장인물의 이름은 물론이고 캇셀프라임, 아무르타트, 지골레이드 같은 드래곤의 이름까지 선명히 기억한다. 톨킨 작품의 세계관이나 던전 앤 드래곤 시리즈의 설정을 가져왔다는 비판도 있긴 하지만, 세상에 톨킨의 영향을 받지 않은 판타지가 있을까. 제국 간의 갈등 구도에 드래곤, 엘프, 드워프, 오거, 오크 등 다양한 종족이 등장하고 또래 남자아이가 대륙을 종횡하며 성장하는 모험담에 어찌 빠지지 않을까. 중반부를 넘어가면서부터는 다음 내용이 궁금해 미칠 것 같은 설렘과 페이지를 모두 넘겨버리면 세계가 끝나버릴 것 같은 초조함을 동시에 느꼈다. 후속작인 『퓨처워커』도 재밌었고 『오버 더 초이스』나 『오버 더 호라이즌』도 좋았다. 『눈물을 마시는 새』에서는 하늘치가 날아다니고 도깨비가 등장하는 동양적 판타지 세계관까지 구축해 냈지만 그때의 드래곤 라자는 이기지 못한다. 이영도 특유의 철학적 사색은 깊어지고 구성은 치밀해졌지만 그때 드래곤 라자를 읽으며 느꼈던 전율은 없었다. 작가는 성장했지만 독자도 그만큼 성장해 버렸으니까.

세기를 넘어 이곳까지 왔다. 미치도록 궁금하던 어른의 세계는 생각보다 즐겁지 않았다. 저편에 두고 온 20세기는 마냥 기뻐할 수 있었던 시절이었다. 그때는 사랑에 몸을 던질 무모함과 절망을 버틸 맷집이 있었다. 밀레니엄을 기준으로 무언가가 사라져 버렸고 나는 어른의 관문을 힘겹게 통과해야 했다. 드래곤 라자 이후 수백 권의 판타지 소설을 읽었지만 그때 느낀 황홀감은 아니었다. 21세기의 삶은 모험이 아닌 축적을 위해 존재했었다. 이십 년 만에 드래곤 라자를 다시 읽는다. 조금 간지럽긴 하지만 환상의 세계는 여전히 거기에 있었다. 팝콘을 우걱우걱 밀어 넣으며 페이지를 넘기는 동안 평온해진다. 판타지를 도피문학 취급하지만 그러면 뭐 어때서. 책을 읽지 않는 시대에 읽을거리를 만들어 낸다는 것은 위대한 일이다. 도피문학이라 불러도 좋다. 옳은 길로 이끌고 사람을 교화하는 일도 중요하지만 도망칠 장소를 만드는 것도 훌륭한 일이니까. 때로 사람에게는 도망칠 장소가 필요하니까.

　책을 읽고 즐거우면 된 거다. 이야기가 지녀야 할 첫 번째 덕목은 재미니까. 나를 기쁘게 만들어 줄 환상이 눈앞에 있는데 즐기지 못할 이유가 어디에 있는가. 언제라도 두 개의 달이 떠있는 세상으로 떠날 수 있어 안심이 된다. 도망칠 장소가 있다는 것은 멋진 일이니까. 어쩌면 도망치듯 떠난 장소에서 생각지도 못한 보물을 찾아 돌아올 수도 있을 거다. 판타지를 읽는 일은 나 자신으로부터 나를 구하는 일이기도 했다. 오직 하나의 길만 고집하는 어리석음에서 빠져나올 수 있도록 해주었다. 다채로운 세계를 여행하며 새로운 삶을 상상하는 힘을 길렀다. 두 개의 달이 존재하는 세계가 있다면 다른 형태의 삶도 가능할 테니까.

 미지의 대륙이 그려진 책을 보면 설렌다. 책을 읽기 전에 지도를 보며 무슨 일이 일어날지 상상해 본다. 그레이트 노턴 마운틴과 썬더헬 대초원 사이에 있는 하늘의 호수에는 어떤 존재가 있을까. 퀘그 왕국 옆 마법사의 섬에는 어떤 마법사들이 살고 있을까. 모험가의 전망대는 어떤 장소일까. 꿈의 계곡과 별들의 기둥은 어떤 장소일까? 모험은 과연 어디에서 시작될까? 주인공은 어떤 사람일까? 신나는 물음표의 향연 속에 마침내 모험이 시작된다. 주인공은 모험을 마치고 고향으로 돌아올 것이다. 그들이 들고 올 보물은 이야기다. 서사를 통해 그들은 자신에게 돌아온다.

 내가 살아낸 모든 순간도 내게로 돌아오는 길이었다. 지금의 세상을 이십 년 전 나에게 말해준다면 믿지 못하겠지. 컴맹인 나에게 모두가 스마트폰을 사용하는 시절이 온다고 말해도 소용없을 거다. 천리안과 나우누리는 사라졌지만 책은 여전히 이곳에 있다. 책이라는 형태는 숲이나 강처럼 인간에게 익숙한 풍경이라 완전히 사라지는 일은 없을 것이다. 시대가 바뀌어도 서가를 서성이는 발길은 멈추지 않을 것이다. 후치 네드발 또래의 소년이었던 나는 중년의 독서가 칼의 나이가 되어 고향으로 돌아왔다. 원점으로 돌아왔지만 실패가 아니다. 새로운 이야기를 쓸 힘을 잃지 않았으니까. 이십 년 전 읽었던 책을 펼치며 이제 두 번 다시 이 책을 읽을 일은 없으리란 사실을 깨달았다. 선연한 아픔은 이 순간 역시 그러한 장면임을 일깨워 주었다. 이야기는 아직 끝나지 않았으나 돌이킬 수는 없으리라. 그러니 이 장면에 모든 걸 쏟아내야지. 이곳의 풍경을 껴안아야지. 사는 내내 떠올릴 한 줄로 만들어야지. 책이 낡았다고 이야기가 흐려지던가. 나이 듦은 행간을 읽는 눈을 밝히기 위해서였다. 내가 겪은 삶의 질곡도 모험이라 생각하면 꽤나 근사한 여정이었다. 언제나 삶의 한가운데에 있었고 모든 순간이 이야기였다. 마법을 믿지 않을 만큼 나이 먹었지만 매일이 기적임을 모를 만큼 늙지 않았으니까. 세월이 그린 주름은 마법의 주문이며 손에 새긴 굳은살이 나의 매직 파워 건틀릿이다.

영웅문을 열고 무림으로

삼국지와 초한지, 수호지를 섭렵하던 중 만난 영웅문. 이 책도 그런 쪽이겠거니 열었는데 그만 무협의 세계로 와 버리고 말았다. 표지의 인상 강렬한 아저씨가 바라보던 곳은 무림이었다. 중원 십팔만 리, 드넓은 대륙에서 펼쳐지는 대서사시에 홀딱 반해 버렸다. 사조영웅전, 신조협려, 의천도룡기를 거쳐 소오강호, 천룡팔부와 녹정기까지. 그 다음에는 이른바 구무협 혹은 1세대 무협이라 불리는 책들이었다. 천중행, 검궁인, 서효원, 사마달, 야설록의 무협지를 아귀처럼 먹어치웠다. 소림사와 무당파, 아미파, 화산파, 곤륜파, 종남파, 공동파, 점창파, 청성파, 형산파, 해남파에서 쫓겨난 제자, 몰락한 제국의 후예, 가난한 집안의 아이, 오대세가의 자제들이 신분 고하를 가리지 않고 절벽에서 떨어져 전설의 고수가 남긴 비급을 발견한다. 만 년 묵은 산삼을 밥 먹듯 먹고 공청석유로 디톡스를 하니 환골탈태는 당연지사, 초절정 고수가 되어 원

수에게 복수하고 미녀들을 쟁취한다. 내공으로 불을 일으키는 삼매진화는 흔해 빠졌고 칼이 날아다니는 어검술에 마음만으로 상대를 살상하는 심검까지 등장한다. 먼치킨 소설에 지루해질 즈음, 좌백 작가의 『대도오』를 만났다. 장경과 진산 같은 작가들이 풀어내는 서사에 빠져들었다. 고등학교 일 학년에 시작된 무협지에 대한 사랑이 오래갈 수 있었던 건 그 무렵 우후죽순 생겨나던 책방들 덕분이었다. 도서관에서 구할 수 없는 책들이 그곳에 있었다. 도서관에서 철학 서적이나 영미 소설을 빌리고, 서점에 가서 시집을 사고, 책방에 돈을 내고 무협지와 판타지, 만화책을 빌려 보는 독서의 삼중 생활이었다.

모든 무협이 질이 떨어지는 삼류 문학에 불과할까? 이른바 순문학이라 불리는 책들이 정말 그렇게 대단한 걸까? 노벨 문학상을 받은 작가의 책만이 가치를 갖는 걸까? 추리소설이나 SF를 폄하하는 건 정당한 일일까? 추리소설의 여왕이라 불리며 훈장까지 받은 아가사 크리스티, 그의 소설을 연구하는 학문까지 생긴, 프랑스 레지옹 도뇌르 훈장, 대영제국

훈장까지 받은 김용도 싸구려 작가에 불과한 걸까. 그들의 책을 좋아하는 사람들은 무지몽매한 돼지 취급을 받아야 하는 걸까. 신춘문예로 등단해야만 작가로 인정받는 걸까. 자기만의 세계를 창작해내는 대신 자기들만의 리그를 만드는 작가들의 행태는 괜찮은 걸까. 물론 클리셰 범벅의 작품을 양산해내는 건 곤란하겠지만 다양한 종으로 이루어진 생태계가 건강하듯 문학은 다양한 소재와 형태로 이야기 되어야 한다고 스물의 나는 믿었다.

지금도 소설의 본질은 재미라고 믿는다. 재미의 종류 역시 다양해야 한다고 믿는다. 그래야 더 많은 사람들이 책을 읽는 기쁨을 누릴 테니까. 무협지는 협객의 이야기를 주로 다룬 책에 그치지 않는다. 무림이라는 공간, 칼로 대변되는 장소에도 사람들의 이야기가 있었다. 인생이 얼마나 복잡한지 알기 시작할 무렵에 만난 무협이었다. 착한 놈과 나쁜 놈을 명확하게 분류할 수 있는 점이 좋았고 하나의 가치만 믿는 단순함이 좋았다. 무림은 인과응보가 확실히 적용되는 세계였다. 나쁜 짓을 한 놈은 지독한 벌을 받고 노력한 만큼 성장할 수 있는 세상이었다. 어느 순간 무협이라는 열병에서 빠져나왔지만 의미 없는 시간은 아니었다. 어린아이가 홍역을 앓고 난 뒤에 어른이 되는 것처럼 성장하기 위해 거쳐야 했던 장소였다. 무협지를 가득 쌓아놓고 구운 오징어를 뜯거나 귤을 까먹으면서 보낸 겨울을 생각하면 웃음이 난다. 무림은 사는 게 갑갑해질 때면 언제든 들를 수 있는 숲이었다. 이야기의 숲을 통과하며 아이는 어른이 될 수 있었다. 이야기란 얼마나 멋진 수단인가. 인생을 다시 살 방법은 없어도 이야기를 다시 읽는 일은 가능하다. 10대에 읽은 상실의 시대가 달랐고 20대에 읽은 상실의 시대가 달랐다. 30대에 읽는 상실의 시대는 전혀 다른 책이었다. 책을 반복해서 읽는다는 건 그 시절의 나와 공명하고 성장한 나를 발견하는 일이다. 세상에 매번 다르게 읽히는 책이 있어야 하듯 매번 같은 공간으로 데려다주는 책도 있어야 한다. 영웅문을 다시 펼친다. 이 문을 통과하면 그리운 숲이 있겠지. 세기가 지났지만 그들은 여전히 푸를 테지. 그들은 다시 살아 움직이며 이야기를 시작하겠지.

이토록 멋진 신세계라니

손에 잡히는 대로 읽었기에 SF라는 장르를 구분한 적은 없었다. 우연히 읽게 된 다나카 요시키의 『은하영웅전설』이 E. E. 스미스가 창시한 우주 활극, 스페이스 오페라에 속한다는 것도 몰랐다. 은하제국과 자유행성동맹의 싸움이라는 근사한 설정. 제국과 민주공화제의 대결. 우주를 배경으로 영웅들이 펼치는 지략 대결이라니 얼마나 매력적인가. 평면적이고 유치한 작품이라고 말하는 사람도 있지만 라인하르트 폰 로엔그람, 기적의 양 웬리, 질풍의 볼프강, 금은요동의 로이엔탈 같은 이름이 그때의 내게는 조조와 제갈량, 장비와 관우의 무게와 다르지 않았다. 은하영웅전설이 있었기에 망설임 없이 SF의 세계로 뛰어들었다. 아서. C 클라크의 『2001 스페이스 오디세이』, 아이작 아시모프의 『파운데이션』, 로버트 A. 하인라인의 『스타쉽 트루퍼스』, 로저 젤라즈니와 존 스컬지, 필립 K. 딕의 책을 닥치는 대로 읽었다.

지금은 상황이 달라졌지만 SF는 우리나라에서 철저히 소외된 문학이었다. 무협처럼 전성기를 누려본 적도 없는데 공상과학 소설이라 폄하당했다. 판타지를 써서 돈을 버는 사람은 있었지만 SF로 먹고 사는 작가는 없었다. 몇몇 작가들이 비밀결사처럼 명맥만 잇는 상황이었다. 바다 건너에서는 SF 작가들에게 휴고상, 네뷸러상, 존 켐벨 기념상을 수여하고 SF가 독자들에게 꾸준한 사랑을 받고 있었지만 우리나라에서는 거장들이 쓴 작품조차 어린애들이나 읽는 글 취급을 받았다. 장르 문학을 폄하하는 것은 일종의 인종 차별이 아닐까. 순수 문학만이 고결하다는 말은 게르만의 우수성을 주장한 콧수염 학살자가 할 법한 말로 들린다. 과학은 원소 주기율표를 외우고 물리 법칙을 배우는 것에 한정되지 않는다. 허무맹랑한 이야기라지만 공상 역시 상상의 형태이며 그러한 상상들이 인류를 진보하게 만들었다. 개별적인 상상들이 모여 지금의 발전을 이루었다. 인공위성, 사이보그, 인공지능, 인간복제까지. 과거 SF 소설가들이 상상했던 과학 기술은 일상이 되었다. 일론 머스크가 화성을 정복할 꿈을 꾼 것도 SF의 영향이었다. SF가 얼마나 많은 분야에 영향을 끼쳤는지,

작가들의 예언이 얼마나 적중률이 높은지는 그리 중요한 일이 아닐지도 모른다. SF는 존재에 대해 탐구하는 철학이자 미래에 대해 상상하는 사회학이기도 하니까.

SF는 끝없이 질문을 던진다. 2차 세계 대전에서 일본 독일 이탈리아가 승리했다면? 현실이 가상 세계라면? 이미 알파고를 넘어선 AI가 있고 그들의 지능이 인류를 넘어섰다면? 인간의 두뇌에 기계 몸을 부착한 존재를 어떻게 정의해야 할 것인가? 유전자 조작으로 탄생한 생명체를 어떻게 대해야 할까? 복제 인간이 상용화된다면? 인간의 머릿속을 복제할 수 있다면? 가상 현실에 영혼을 업로드할 수 있다면? 과연 결코 일어날 수 없는 일일까? 먼 미래의 일일까? 우리와 다른 존재를 어떻게 받아들일 것인가? 지금과 달라질 세계를 어떻게 받아들일 것인가? 가상 현실에 열광하기만 해도 되는 걸까? 인류는 우주 어디까지 나아갈 수 있을까? 인간의 진화는 어디까지일까? 과학 기술의 진보가 인류에게 어떤 영향을 끼칠 것인가? 이대로 괜찮은가? 우리는 지금 어디쯤에 있는가? 우리는 어디로 가고 있는가?

현재가 어제의 SF이었듯이 오늘의 SF가 내일의 현실이 될지도 모른다. SF는 다른 세계와 다른 존재들을 상상해 자신의 세상을 재구성하고 자아를 확장해 나가는 과정이다. 현재를 바탕으로 미래를 예상하고 다양한 미래를 그려보며 설계도를 수정할 수 있다. SF는 우리가 시간을 초월하고 공간의 제약에서 벗어날 수 있는 가능성을 지닌 존재임을 느끼게 만든다. 어쩌면 우주가 이토록 광활한 것은 이야기 하나가 쓰일 때마다 새로운 세계를 탄생시키기기 위해서는 아닐까. 어른이 된다는 게 나만 생각하는 존재에서 세상을 생각하는 존재가 되었다가 나를 생각하는 사람으로 돌아오는 일이라면 SF는 그러한 일에 최적화된 실험 공간이다. SF는 다채로운 풍경으로 가득한 유쾌한 철학 여행이다. 우주를 만들어 지성의 본질을 실험할 수 있고 시간 여행을 통해 삶의 본질을 더듬어 볼 수 있다. 다른 생명체를 데려와 세계를 확장할 수도 있고, 미래에 일어날 일을 예상해 볼 수도 있다. 끊임없이 질문하며 자신의 세계를 구축해 나간다. 우리의 몸은 내일을 향하고 마음은 어제를 품었다. 밥을 연료 삼아 미래로, 기억을 재료로 과거로. 작은 몸에 담긴 인류의 역사. 우리는 생명을 태워 시간을 건너고 별을 타고 우주를 여행한다. 상상은 어떤 우주선도 닿은 적 없는 세계를 탐험한다. 이토록 황홀한 항해를 위해 지불한 것은 없다. 때로 질척거리는 일상이 발을 붙잡아도 영혼은 밤하늘을 본다.

세계의 끝과 하드보일드 헤밍웨이

글을 쓰는 삶이 불안할 때면 평생 모든 단어를 생전 처음 본 것처럼 살았다는 헤밍웨이를 떠올린다. 그저 진실한 문장 하나를 써 내려가면 된다던 그의 강인한 얼굴을 떠올린다. 운명에 맞선 소설 속 인물들처럼 그의 생도 뜨겁지 않은 적이 없었다. 그보다 역동적인 작가를 알지 못한다. 전쟁터로 뛰어들고, 비행기 사고를 당하고도 살아남아 뜨겁게 사랑하고 인생을 즐겼다. 스페인과 이탈리아, 프랑스와 쿠바까지. 세계를 떠돌며 글을 쓰고 마지막 순간까지 스스로의 손으로 마무리한 불꽃 남자 헤밍웨이. 일부 비평가들의 말대로 마초에 다혈질에 거만한 면이 있을지도 모른다. 그의 삶의 동력이 어머니에게 억압받은 유년 시절의 기억 때문일지도 모른다.

하지만 그는 뜨겁게 생을 사랑한 사람이었고 글쓰기에 누구보다 진지했던 사람이었다. 아버지가 자살에 사용한 권

총을 선물로 보낼 정도로 미친 어머니에게 자랐지만 그는 분노와 결핍마저도 연료로 사용했다. 분노를 열정으로 전환하고 결핍을 도전의 동력으로 삼았다. 인생은 그가 어떤 상황에 처했는지가 아닌 사건에 대응한 방식으로 정의되어야 한다. 그는 가진 에너지를 모조리 쏟아내는 방식으로 삶에 임했다. 미사여구를 집어던지고 진실한 한 문장을 이어갔다. 사람들이 헤밍웨이는 끝났다며 수군거릴 때에도 그는 글을 썼다. 그렇게 발표한 소설이 『노인과 바다』, 이 책으로 노벨 문학상과 퓰리처상, 대중적 성공까지 거머쥔다.

헤밍웨이에게서 용기 있는 삶을 배운다. 작품들만큼이나 그의 생도 위대한 이야기였다. 열정으로 가득한 그의 생을 떠올리면 가보지 못할 길이 없다. 헤밍웨이처럼 화려한 불꽃은 아닐 테지만 내가 가진 것을 모두 태우고 갈 수는 있을 거다. 그의 삶을 평가하는 사람이 많다. 그의 문학을 폄하하는 사람도 있다. 창조하지 못하는 이는 비평을 하고 행동하지 못하는 이는 평가를 하는 법이다. 타인을 신경 쓸 필요 없다. 자신을 이유 삼아 나아가면 된다. 살아있었던 순간과 사랑했던 순간만을 세월로 여기면 더디 늙는다. 적어도 제대로 나이 들긴 하겠지. 자신의 몸을 이야기를 쓰기 위한 펜으로 사용한 과감함을 배워야 한다. 꽃을 피우지 못하더라도 남김없이 태우면 된다. 꽃은 며칠이면 시들지만 불꽃은 사는 동안 꺼지지 않으니까.

 책을 펼칠 때마다 새로운 삶을 살았다. 글을 쓰면서 나만의 세계를 찾았다. 자신의 선택을 믿고 행동을 지속해야만 진정한 변화를 이끌어낼 수 있다. 몇 년 째 아무도 타지 않는 버스를 몰고 다니는 기분이 들지만 포기하지는 말자. 어김없이 같은 자리를 맴도는 불빛이 누군가의 희망일지도 모른다. 부족한 문장이라도 괜찮다. 서툰 솜씨라도 개의치 말자. 한 줄이라도 쓰면 이야기는 나아간다. 한 줄이라도 쓰면 이야기는 나아진다. 어떤 일이 있어도 멈추지 말자. 어떤 일을 겪더라도 글의 소재로 삼자. 쓰는 대상에서 쓰는 존재로. 글쓰기는 삶이라는 이야기의 주인이 되는 일이니까.

 만약 글을 쓰지 않았더라면 나는 아직 그곳에 있을 것이다. 절망과 상실 사이에서 허우적대고 있을 것이다. 글을 쓰지 않았다면 나는 삶을 이해하지 못했을 것이다. 내게 일어난 일들을 받아들이기는커녕 생을 놓아버렸을 거다. 글쓰기 안에서 삶은 가지런했다. 헛된 바람과 무너진 꿈도 나를 이곳으로 데려온 파도였다. 구름 낀 하늘도 어두운 밤도 무지갯빛 이야기를 위한 물감이었다. 왼쪽에서 오른쪽으로 문장을 이어가며 나는 삶이 하나의 이야기임을 받아들였다. 내게 일어난 모든 일이 삶을 하나뿐인 이야기로 만들기 위한 장면들이었음을 납득하게 되었다. 가장 빛나던 순간을 이곳으로 데려오는 힘도, 가장 어두운 순간을 껴안아주는 온기도, 삶을 사랑해야 할 이유도 내가 쓰는 문장에 깃든다.

오늘도 그는 내게 속삭인다. 그냥 진실한 문장 하나를 쓰듯 살면 된다네. 자네가 아는 가장 진실한 문장이면 돼. 진실한 문장 하나는 언제나 있기 마련이네. 머리로 생각하지 말게. 자네 마음속에 떠오른 것을 몸으로 옮겨 적으면 된다네. 문장이 엉망일 때도 그냥 계속 써나가도록 하게. 삶을 다루는 방법도 오직 한 가지뿐이라네. 빌어먹을 이야기를 끝까지 밀어붙이는 거지. 살아있는 동안 기쁨을 욕망하도록 하게. 어떻게 늙을 것인가 질문하는 대신 무엇을 위해 불꽃을 피우다 갈 것인지 생각하게. 잡다한 수식어 따윈 필요 없네. 평범한 단어라도 진실이 깃들어 있다면 위대한 이야기를 쓸 수 있네. 진심을 다해 써 내려간 이야기는 모두 위대하다네. 세상은 싸워볼 만한 가치가 있는 장소네. 사람은 패배하기 위해 만들어지지 않았다네. 어떻게 보일지 생각하지 말게. 화려하지 않아도 모든 생은 특별하다네. 세계의 끝은 자네가 가 본 곳이 아닌 자네가 상상한 그곳까지라네.

달의 뒷면 빛의 제국

온다 리쿠가 만들어 낸 제국은 달의 뒷면에 있다. 기묘하고 아름다운 그녀의 세계, 보지 못한다고 존재하지 않는 것은 아니며, 존재한다고 전부 이해할 수 있는 것도 아니다. 책장을 넘기다 보면 어느새 나는 '뒤집혀' 그녀의 이야기 안에 '넣어'져 있다. 그는 오디션 프로그램 한 번 본 적 없는 사람을 국제 피아노 콩쿠르가 열리는 현장으로 끌고 간다. 활자를 더듬다 보면 꿀벌의 날갯짓이 들리기 시작하고 나의 영혼은 그곳에 있다. 그는 고교생들과 어깨를 나란히 하고 밤새 걷게 만들고, 잔칫날 독극물에 의해 일가가 사망한 사건 현장 속으로 불러내고, 의문의 실종 사건이 벌어지는 물의 도시로, 푸른 언덕 위에 세워진 기묘한 기숙 학교로, 죽은 자들이 돌아와 산 자와 만나는 어나더 힐로, 신비한 능력을 지닌 도코노 일족의 역사 속으로, 꿈을 기록해 영상으로 볼 수 있는 세계로, 존재하지 않는 미로 속으로 데리고 간다. 그의 이야기를 읽다 보면 대체 어디서부터 현실이고 어디까지가 소설인지 알 수 없게 되어 버린다. 이곳이 어딘지 생각하기도 전에 다른 세계로 들어선다. 익숙하지만 낯선, 숨겨진 세상에서 기꺼이 길을 잃는다. 입 밖에 내어 말하는 순간 사라지고 말 노스탤지어로의 여행.

추리, SF, 미스터리, 판타지, 청춘소설. 장르를 넘나든다고 하지만 그의 이야기는 장르로 분류될 수 없다. 소설 『어리석은 장미』를 뭐라고 정의해야 할까. SF옷을 입고 판타지를 걸친 성장소설이라 해야 하나? 그걸로 충분한 걸까? 특정할 수 없기에 특별한 이야기, 그가 자아내는 이야기는 호불호가 극명하게 나뉘고 팬들 사이에서도 평이 갈린다. 그의 이야기는 끈적끈적 불타오른다. 기묘한 세계로 데려가지만 시원스러운 결말이 없다. 사건이 일목요연하게 설명되지도 않는다. 회수되지 않은 떡밥은 이야기의 늪에 가라앉는다. 그의 이야기는 불온하다. 두렵고 때로는 역겹다. 책을 덮으면서 어이없거나 허망할 때도 있다. 그럼에도 그의 이야기는 이야기로 오롯하다. 우리의 인생이 그러하듯이. 이야기조차 점수를 매기고 순위를 정해야 하는 걸까. 어떤 작가는 위대하고 다른 작가는 비루하다는 말은 버터전복구이는 위대하고 바지락술찜은 그렇지 않다는 뜻인가. 이야기의 세계에서만큼은 자유롭고 싶다. 평론가나 비평가가 될 것도 아니니 이야기를 맛보는 데 집중하려 한다. 입맛에 맞지 않는다고 굴이 정의롭지 않은가. 먹으면 두드러기가 난다고 새우가 악당이 되는가. 어떤 이야기도 점수 매겨져서는 안 된다. 모든 이야기에 대한 인정은 타인의 삶에 대한 존중으로, 자신이 이끌어가는 생에 대한 경애로 이어진다. 세상에는 이야기가 필요하다. 사람들의 이야기가 모여 세상을 이룬다. 꽃이 서로를 겨루지 않듯이 사람들은 서로를 겨눌 필요가 없다. 모두의 이야기는 이야기로 온전하다.

  소설을 읽는 내내 무엇을 말하려는 건지 생각하는 사람은 이야기만으로 충분하다는 걸 모른다. 안 그래도 삶은 힘겹다. 이야기 속에서조차 즐길 수 없다면 독서가 무슨 소용일까. 차라리 잠을 자거나 맛있는 음식을 먹는 게 낫겠지. 쓸모를 따지지 않고 소설을 읽는다. 소설을 읽는 사람 중에 사이

코패스는 드물 것이다. 이토록 비효율적인 과정을 못 견딜 테니까, 소설을 읽는 건 먼 길을 돌아가는 일이니까. 맛보다 효능을 따지고, 기쁨 대신 가치를 찾으면서 사는 게 재미없어진다. 이야기는 이야기로 남아야 한다. 소설 속 세상은 마지막 낙원으로 남아 있어야 한다. 소설은 언제든 도망칠 수 있는 장소로 남아 있어야 한다. 이야기는 도망치고 여행하고 꿈꾸고 사랑하고 취할 수 있는 장소여야 한다. 불온한 붉은 빛을 띠는 양귀비. 그의 문장을 탐하다 보면 어느새 이야기에 집어삼켜진 뒤다. 어디에 있는지 알 수 없지만 어디에 있든 상관없다는 기분이 든다. 나가는 길은 보이지 않고 들어오는 길은 막혔다. 내가 '현실'이라 믿는 것도 마찬가지 아닐까. 내가 보고 있는 것은 달의 뒷면일까? 빛의 제국일까? 이쪽과 저쪽, 어디에도 속하지 않는 세상. 그녀의 꿈에서 달아날 수 있을까.

단편 소설과 막간의 기쁨

버스 안에서 『일곱 번째 달 일곱 번째 밤』을 읽는다. 아시아의 설화를 SF로 재탄생시킨 단편 소설집이다. 장편 소설이 여행이라면 단편 소설은 산책이다. 병원 대기실에서 읽고 버스 정류장에서 읽는다. 막간의 기쁨은 일상을 견디는 약이다. 단편 소설의 재미를 학창 시절에 알았다. 수업 시간은 물론 야간 자율 학습을 할 때도 책을 읽었다. 교사들은 도스토예프스키를 읽건 헤밍웨이를 읽건 토마스 만을 읽건 교과서나 참고서가 아니라면 매를 들었고 책을 빼앗아갔다. 그럴 때면 교과서나 참고서에 실린 지문을 읽었다. 한창 피어 퍼드러진 노란 동백꽃 속에 폭 파묻혀 향긋한 냄새에 아찔하다가, 산허리에 소금을 뿌린 듯이 메밀꽃이 핀 달빛 아래를 걸었다. 한 손에 고등어를 쥔 진수가 슬그머니 아버지의 목덜미를 끌어안는 모습을 흐뭇하게 지켜보았다.

갑갑하기만 하던 학창 시절. 교과서에 실린 단편 소설은 숨구멍이었다. 지문으로 접한 오영수나 김동인의 책을 찾아 읽었다. 안톤 체호프, 모파상, 오 헨리, 톨스토이, 헤밍웨이, 알퐁스 도데의 단편을 읽었다. 장편 소설이 인물에 몰입하고 공감하게 한다면 단편 소설은 이야기 자체를 즐길 수 있었다. 장편 소설을 읽고 나면 콘서트에서 흠뻑 젖어 나온 노곤한 기쁨이 있지만 단편 소설에는 믹스 테이프를 듣는 가벼운 즐거움이 있다. 멋진 레스토랑에서 코스 요리를 즐기는 것만큼 길거리 음식을 맛보는 기쁨도 크다. 단편 소설은 또 다른 독서여행을 위한 안내서이기도 했다. 앤솔러지, 단편선, 수상 작품집을 통해 새로운 작가를 찾아냈다. 단편 소설을 읽으면서 나 이런 이야기도 좋아하는구나, 새로이 깨달으며 독서의 영역을 넓혀 왔다.

단편 소설에서 일어나는 사소하고 기묘한 이야기들은 우리네 일상을 닮았다. 인생 내내 절정일 수 없겠지만 찬란하게 빛나는 순간은 누구에게나 있다. 작은 기억의 조각 하나로도 사람은 남은 생을 살아갈 수 있다. 장대한 서사가 아니라도 괜찮다. 사소한 에피소드 하나면 사람은 살아갈 수 있다. 선물을 사기 위해 머리카락을 파는 델라와 아버지가 물려준 금시계를 파는 짐의 크리스마스처럼, 화가로서는 실패한 인생이었는지도 모르지만 불후의 명작을 남긴 버만 노인처럼, 스테파네트 아가씨에게 어깨를 내어주고 먼동이 틀 때까지 지새운 목동의 밤처럼, 세몬이 미하일에게 외투를 벗어주는 순간처럼. 눈부신 순간이 내게도 있었다. 어쩌면 잠시 짬을 내 단편 소설 몇 줄을 읽는 지금도 그러한 순간일지 모른다.

바나나 호를 타고 안드로메다로

　바나나라니. 가벼워 보여 읽고 싶지 않았다. 오늘따라 당기는 책이 없어 어쩔 수 없이 요시모토 바나나의 책을 골랐다. 이게 무슨 일인가. 첫 페이지를 펼치자마자 단숨에 읽어버리고 말았다. 그녀의 다른 책을 어서 읽고 싶어졌다. 가벼울 것 같다며 읽지 않은 건방진 나를 칭찬해 주고 싶어졌다. 그녀의 글은 처진 마음을 산뜻하게 환기시키는 봄바람이었다. 그녀의 이야기는 마음을 가볍게 만드는 마력을 지니고 있었다. 그때 읽었다면 느끼지 못했을 치유의 힘이 깃들어 있었다. 그는 요구하지 않으면 아무 말도 하지 않지만 손을 내밀면 언제까지나 잡아주는 친구였다. 귀를 기울이면 내게 필요한 이야기는 물론 필요했다는 사실조차 몰랐던 이야기까지 들려주었다.

　그녀의 이야기에도 무수한 아픔이 있었다. 자살, 불륜,

사고, 사별, 기억 상실 온갖 괴로운 일들이 일어난다. 하지만 그녀는 서로를 껴안고 등을 두드리며 살아갈 수 있다고. 어떤 사건이 일어나도 자신을 위해 일어설 수 있다고. 어둠을 떨쳐낼 수 없어도 서로에게 빛이 될 수 있다고 말한다. 죽음에 대해 끊임없이 이야기하지만 죽음을 통해 반짝거리는 지금을 비춘다. 특이해 보이는 설정에는 사람들의 특별함이 머물러 있고 삶의 놀라움이 깃들어 있다. 지나치면 안 될 지금 이곳의 이야기. 한 순간으로 영원을 사는 이야기. 그녀의 이야기는 검게 변하거나 물컹해지지 않았다. 기쁘거나 슬플 때 그의 이야기를 먹고 마셨다. 기쁨도 슬픔도 소화시켜 생의 에너지로 만들 수 있음을 실감했다. 과거를 품고 다시 나아갈 수 있었다. 막다른 골목에 남겨두고 온 추억은 누구도 훼손하지 못할 테니까. 생명의 샐러드를 맛본 엄마처럼, 빙수 가게를 차린 마리처럼, 자신의 길을 떠난 하치처럼, 만다라를 완성하는 아빠처럼, 사랑을 위해 몰타 섬으로 떠난 할머니처럼. 어디로 흘러가든 사람은 살아갈 수 있다. 아름다운 추억을 만들 수 있다. 진심을 다해 살아낸 순간을 남기며 나아가는 거다. 눈앞의 세상을 살아가야지. 내 앞의 길을 걸어가야지. 나를 위해 한다. 사소한 일이지만 그곳에서 나의 세상이 태어난다. 나를 위해 산다. 아주 작은 섬이다. 그러나 모든 바다와 맞닿아 있는 섬이다.

　암리타를 나에게 선물할 수 있다. 신은 빵과 밥에도, 채소에도, 내 몸에도 깃들어 있다. 갓 구운 빵에 깃든 온기, 갓 지은 밥이 내뿜는 열기, 갓 딴 채소에 담긴 생기. 내가 먹고 마시는 모든 것들이 나를 위한 암브로시아다. 살아있던 것의 에너지를 받아들여 생의 열기로 전환한다. 그러한 기적의 순간을 느끼고 거기서 얻은 에너지를 자신을 위해 쓸 때 변화는 시작된다. 아직 철들지 못한 게 아니라 타인의 색으로 물들지 않은 거다. 영혼의 빛으로 삶을 채우는 거다. 지금은 오직 한 번뿐이지만 내가 살아볼 인생은 한 가지가 아닐 테니까. 내가 남긴 물건은 누군가 쓸 수 있지만 내가 남기고 간 마음은 누구도 쓰지 못한다. 마음은 오직 나의 시간 속에서만 사용될 수 있는 것이다. 그러니 남김없이, 아낌없이, 미련 없이 써야만 한다. 무엇을 남기려 애쓸 필요 없다. 추억보다 가치 있는 유산은 없으니까. 아끼지 않아야 한다. 어차피 유통

기한이 정해져 있으니까. 미련을 남기지 않으려면 후회할 짓이라도 과감히 시도해야 한다. 그것이 내가 살아낸 증명이 될 것이다.

무엇을 위해 사는지 알 수 없을 때, 자신을 위해 무언가를 해줄 시간이다. 어렸을 때 나는 두려울 것이 없다고 했다. 무엇을 무서워해야 하는지도 몰랐으니까. 지금도 나는 두려울 것이 없다고 한다. 두려워도 해야만 하는 일이 있으니까. 그때 알지 못했던 것처럼, 그때 최고의 순간을 보내고 있었음을 몰랐던 것처럼, 오늘이 어떤 의미를 갖게 될지 모르기 때문에 지금을 어떻게 대해야 할지 결정할 수 있게 되었다. 지금 사랑한 문장이 내일을 살게 할 문장이 될 테니까. 사십 년 뒤에는 세상에 없을 테지. 설사 남아있다 해도 지금만 있는 것처럼 살았던 오늘을 그리워하겠지. 멀어질 이름에 지울 수 없는 기억을, 사라질 순간에 잊을 수 없는 온기를, 사라지고 멀어질지라도, 그러니 꼭 끌어안은 뒤 놓아주기로 하자. 언젠가 잠에서 깨지 못할 날이 오겠지만 그전까지 진정 깨어있는 삶을 살기로 하자. 모든 것을 포기할 각오를 한 사람은 어디라도 갈 수 있으니까.

 핑계를 대자면 끝이 없고 자신을 이유로 삼으면 시작만 있다. 비록 몸은 종합병원이 되었지만 세상이란 종합선물세트를 맛보는 일을 멈출 이유는 되지 않는다. 필요하다면 계절을 이유로 삼으면 된다. 봄이기에, 여름이라서, 가을에는, 겨울이니까. 이야기를 새로 쓰기에 나쁜 계절은 없다. 오늘 자신의 삶에 만족하고 내일 사랑할 무언가가 있다면 성공한 삶이 아닐까. 오늘도 누군가의 아버지가 세상을 떠나고 누군가는 어머니가 되었겠지. 어딘가에 아침이 오면 어딘가는 밤이 되겠지. 싸움이 없던 때가 없었듯 꽃이 피지 않은 날도 없었다. 우리는 매 순간 어떤 세상을 살아갈지 선택할 수 있다. 사람들의 환호는 없어도 삶의 환희는 내 곁을 떠난 적 없다. 몸은 하나뿐이지만 가볼 수 있는 길은 헤아릴 수 없다. 별거 아닌 인생이었지만 사랑했던 이름들은 별보다 반짝인다.

 세상에 존재하는 근사한 이야기는 전부 '그냥'이란 단어로 시작된다. 적어도 자신의 선택에 관해서는 설명하지 않아도 된다. 자신이 근거이니까. 사랑한 것에 대해 변명할 필요도, 꿈을 부끄러워할 이유도 없다. 자신으로 살아낸 순간이니까. 우리가 소유할 수 있는 건 마음을 다한 순간뿐이니까. 그러니 나아가야 한다. 나의 세상을 마주해야 한다. 일상을 소중하게 여기려면 그것이 내가 만든 세상이어야 한다. 마음에 드는 물건보다 마음을 다한 순간을 모으는 사람으로 살려 한다. 나를 담아 세상은 찬란하다. 나를 담아야 삶은 눈부실 거다. 나를 끌어당기는 쪽으로 가지 않으면 삶이 나를 밀어내고 말 테니까. 가자, 안드로메다로.

베르베르의 상상력 사전

 그해 여름은 엑스포의 열기로 뜨거웠다. 국제 박람회에 들뜨지 않은 아이는 거의 없었다. 당시 다니던 중학교 총원이 천 명이 넘었는데 그 중 대전에 가지 않은 아이는 손꼽을 정도였다. 학교에 남은 아이 중에는 부모님이 번 돈으로 놀러가고 싶지 않았던 말수 적은 아이도 있었다. 아이는 박람회장을 누비는 대신 『개미』를 읽었다. 어쩌면 동시에 일어난 일이 아닐지도 모른다. 엑스포에 가지 않은 벌로 깜지를 쓰던 기억만 어렴풋하니까. 엑스포의 열기는 잦아들었지만 베르나르 베르베르에 열광하는 사람들은 늘어났다. 작가가 『개미』를 쓰는데 12년이 걸렸다고 하니 내가 젖먹이 때부터 개미를 관찰했다는 얘기다. 개미 한 마리에 깃든 이야기도 그토록 거대할 수 있었다. 상상력에 인내와 관찰이 더해져 나온 이야기는 놀라움 그 자체였다. 그는 눈을 감고도 개미를 꿈꾸고 눈을 뜨고도 개미 꿈을 꾸었을 거다. 과정으로 답하는 사람이기에 결과를 문제 삼지 않았을 거다. 자신의 과정에 온전히 집중했을 거다.

그때까지 한 번도 타인의 입장에 서 보지 않았던 소년에게는 충격이었다. 하물며 개미의 입장에서 본 인간이라니! 그가 아니면 아무도 개미에 대해 이야기하지 않았을지도 모른다. 그가 아니었으면 나 역시 개미에게 관심을 가지지 않았을 거다. 다른 종류의 개미를 싸움 붙이거나 호박꽃에 벌을 가두는 유년기적 잔인함을 계속 품고 살았을 테니 개미에게도 나에게도 다행한 일이었다. 관찰하지 않으면 존재하지 않는 것과 마찬가지다. 무심결에 밟고 지나가던 작은 생명체가 이끄는 놀라운 이야기. 이야기를 이해하기 위해 노력이 필요했다. 무언가를 이해하려면 상당한 노력이 필요하다는 사실을 처음 알았다. 무언가를 이해하는 것이 즐거운 일이라는 사실도 처음 깨달았다. 베르나르 베르베르는 한동안 땅바닥만 보게 만들더니 이번엔 멱살을 잡고 영계로 집어던졌다. 영계 탐험이라니. 작가가 닦아 놓은 길에는 동서양의 신화와 설화, 종교가 망라되어 있었다. 미카엘 팽송의 여정은 『천사들의 제국』으로 이어지고 『신』으로 대단원의 막을 내리지만 베르나르 베르베르의 상상력은 메마르지 않았다.

『카산드라의 거울』이나 『제3인류』, 『죽음』에 이르러서는 『개미』나 『타나토 노트』를 읽을 때의 황홀감은 느낄 수 없었지만, 그것은 작가가 무언가를 잃어버렸기 때문이 아니라 그의 이야기 덕분에 성장한 까닭이다. 그의 소설에 열광하던 소년은 중년의 나이가 되었으니까. 좋건 싫건 많은 일을 경험하고 보다 넓은 세계를 보고 말았으니까. 자기복제라고 말하는 사람들도 있지만 그것은 그의 스타일에 '익숙해졌기' 때문이 아닐까. 그가 이야기를 풀어나가는 특유의 방식에 적응을 해버렸기 때문은 아닐까. 그는 여전히 자신의 상상력으로 숨결을 불어넣을 소재를 찾아내고 그것을 관찰하고 있을 것이다. 그는 여전히 또 다른 세계를 상상하고 있을 것이다. 나는 일상에 매몰되려 할 때마다 그가 지닌 상상의 힘을 떠올릴 것이다.

새로운 것도 일상이 되면 익숙해지고 당연하던 일상도

멀어지면 낯설어진다. 일상은 힘이 세다. 일상을 버틸 힘이 있다면 일상을 바꿀 힘도 있다. 일상은 내가 살아갈 세상이자 상상을 현상으로 바꿀 장소이다. 상상의 힘을 포기하지 않을 것이다. 일상의 가치를 폄하하지 않을 것이다. 스스로 현상이 될 힘이 내게 있음을 잊지 않을 것이다. 어제의 달빛을 따라 걸을 수 없고 내일의 태양 아래 기쁨을 찾을 수 없다. 내가 찾는 게 무엇이든 여기에 있다. 내가 원하는 건 여기에 있다. 내가 가진 건 지금뿐이다. 지금 내 안에서 나오는 빛을 따라 걸어야 한다. 상상은 마음에서 일어나는 일이고 현상은 몸을 일으켜 만들어낸 것이다. 상상이 현상이 된 것을 일상이라 부른다. 생각은 이름 짓지 않은 마음이기에 그대로 쌓아두면 복잡해지고 무거워진다. 어떻게든 살아진다. 어떤 것도 삶이 된다. 지금을 어떤 이름으로 부를 것인지 정할 권리는 내게 있으니까. 나 역시 상상을 멈추지 않을 것이다.

인빅터스, 인듀어런스

"사람을 구합니다. 어렵고, 보수도 적고, 혹한의 추위에 떨며, 몇 달간 지속되는 어둠에, 계속되는 위험에, 안전한 귀환도 보장하지 못합니다. 모험에 성공해서 얻을 수 있는 건 영광과 명예뿐입니다." 요즘 같으면 논란을 넘어 매장당할 각오가 필요할 이 글은 영국의 탐험가 어니스트 섀클턴이 낸 광고다. 남극 대륙을 횡단하는 모험에 5천명이 넘는 지원자가 몰렸고 경쟁률은 200:1에 육박했다. 당시의 상황은 미묘했다. 이미 탐험가 아문센과 스콧의 남극점 정복 경쟁이 끝난 후였다. 섀클턴은 스콧의 대원으로 참가했으나 괴혈병으로 도중하차한 바 있었다. 아문센이 남극점을 정복하고 스콧과 탐험대원들이 추위와 굶주림을 견디지 못하고 사망한 상황에서 남극 대륙 횡단을 계획한 것이다.

섀클턴은 대원을 뽑을 때 탐험 경력이나 과학 지식 대신 노래를 부를 수 있는지 물었다. 모험에는 멋진 일만 생기지 않는다. 원주민에게 공격당하고 식량이 떨어지고 풍랑에 휩싸이고 얼음 사이에 갇혀 꼼짝 못 하기도 한다. 그럼에도 즐거움을 찾아야 한다. 체력을 비축하고 인내심을 갖고 나아가야 한다. 극한의 상황에서도 노래를 부를 수 있는 힘, 지금의 고난이 이야기가 될 것을 믿는 지혜가 있다면 우리는 어떻게든 나아갈 수 있다. 아무것도 할 수 없는 상황에서도 우리는 버티고 견디고 '살아있음'을 한다. 그런 마음가짐이었기에 그는 배가 침몰해도 앞으로 나아갈 수 있었다. 그에겐 이미 과거의 일이었다. 희망과 인내가 있다면 눈보라가 별을 가려도 나아갈 수 있다. 그래서 그는 고작 6미터짜리 보트를 타고, 시속 100km의 바람이 불고, 20m 높이의 파도가 치는 겨울의 남극해를 뚫고 1000km 떨어진 섬으로 향할 수 있었다. 운명이 가로막은 길을 개척하는 생명의 힘이다. 그는 대륙 횡단에 성공하지는 못했지만 남극의 혹한 속에서 무려 634일을 견디고 27명의 대원 전원을 무사히 귀환시켰다. 사람들은 그의 세 번째 탐험을 위대한 항해라 부른다. 그를 위대한 실패자라 부른다. 그는 정복하지 못했으나 승리자였다. 그는 자신의 길을 개척한 위대한 모험가였다. 지난 세기 미지의 땅을 정복하는 모험이 끝났다 해도 미지의 삶을 선택하는 탐험은 인류가 존속하는 한 계속될 것이다. 돌아갈 곳이 없을까 두려워하지만 결국 모두가 같은 곳으로 향하고 있다. 그렇게 생각하면 가보지 못할 길이 없다. 세상을 향해 나아가는 것만이 내게로 돌아오는 길이다.

우리는 미지의 시간을 탐험하는 중이다. 삶은 언제나 모험이었다. 어떤 삶이라도 괜찮겠지만 지금의 삶이라서 좋다. 보다 나은 사람이 될 수 있었겠지만 지금의 나라서 좋다. '그때 그 사람을 붙잡았다면 행복했을 거야.' '그때 기회를 놓치지 않았다면 성공했을 거야.' '그때 그랬더라면 다 잘 됐을 거야.' 부질없는 생각으로 지금을 흘려보내지 않으리라. 지금 역시 전환점이 될 수 있음을 잊지 않으리라. 바꿀 수 없는 과거를 생각하며 오늘 할 수 있는 일과 지금부터 만들어갈 내일을 외면하지 않으리라. 여기까지 오기 위해 얼마나 많은 일을 버텨냈던가. 지금의 내가 내 삶의 챔피언이다. 내가 될 수 있었던 모든 나를 이겨낸 사람이다. 그러니 누구라도 될 수 있으며 어디라도 갈 수 있다. 그저 씨앗을 뿌리면 된다. 꽃 피지 않아도 숲이 되겠지. 그저 나아가면 된다. 길이 없다면 스스로 길이 되겠지. 지도를 따라가던 삶에서 지도를 만드는 삶으로 건너가는 거다.

결과는 중요하지만 과정은 소중하다. 실패한 인생이라 말하지만 사실은 단 한 번도 패배하지 않았기에 여기 있는 거다. 살아있는 한 실패는 없다. 살아남음으로 모든 걸 증명했다. 나에겐 기쁨을 느낄 권리와 즐거움을 누릴 의무만이 남았다. 운명은 삶을 승리나 패배로 이끌지 않는다. 운명은 나를 삶으로 이끌 뿐이다. 길을 헤매는 사람은 자유를 잃지 않은 사람이다. 길을 찾는 사람은 꿈을 놓지 않은 사람이다. 대항해시대는 저물었지만 모험은 끝나지 않았다. 나아가야 한다. 마르코 폴로가 꿈꾼 지팡구로. 바르톨로뮤 디아스가 찾았던 희망봉으로. 살아있는 한 늙을 수밖에 없지만 살아있기에 낡을 수는 없다. 모험은 계속되어야 한다. 모험이 되지 못하면 삶은 전쟁이 된다. 여행이 되지 않으면 생은 고해가 된다. 이곳은 한 번도 존재한 적 없었던 세상. 오늘은 두 번 다시 오지 않을 시간. 나는 새로운 세상을 여행하는 모험가다. 더 이상 움직일 수 없는 것이 죽음이라면 계속해서 움직이는 것이 살아있음이겠지. 말로 아는 것보다 몸으로 하는 사람이기를 바란다. 어떻게 살아야 옳은지 답은 없다. 무엇을 위해 쓰면 좋을지 각자가 선택할 뿐이다. 만약 운명이라는 것이 없다면 삶은 내가 뜻한 대로 움직일 것이다. 내 손으로 바꿀 수 없다면 그것은 내 운명이 아닐 것이다. 그러니 운명이 존재한다면 그건 지금 여기에 있는 나일 것이다.

『인듀어런스 : 어니스트 섀클턴의 위대한 실패』 캐롤라인 알렉산더, 뜨인돌 2003

은하제국실록, 파운데이션

아서 C. 클라크와 필립 K. 딕에서 테드 창과 켄 리우까지, 놀라운 SF들을 읽었지만 최고의 장편을 뽑으라면 파운데이션이다. 아이작 아시모프가 가진 천문학, 생물학, 화학, 물리학, 역사, 지리, 신화, 종교, 심리학에 걸친 방대한 지식을 모두 풀어내려면 은하계 하나로는 부족하다. SF라는 틀에 담겨있지만 역사 소설 같고, 우주에서 펼쳐지는 이야기지만 인간의 정신을 탐구하는 철학 소설이기도 하다. 어쩌면 파운데이션은 과학 소설보다 사변 소설(Speculative Fiction)이란 정의가 어울릴지도 모른다. 무엇보다 은하제국이란 단어는 얼마나 매력적인가. 가장 미래적인 것과 가장 오래된 것이 공존하는 세계라니. 이건 뭐 참을 수 없게 되어 버린다.

해리 셀던은 1만 2000년 동안 존속해 온 제국이 5세기 안에 멸망한다고 예언한다. 전체 인구가 100경에 이르는 은

하제국의 미래를 심리역사학이라는 수학적 방식으로 예측할 수 있다는 것이 그의 주장이다. 셀던은 몰락을 막을 수는 없지만 제국 멸망 후 제2의 제국이 등장하기까지의 30,000년의 혼란기를 1,000년으로 단축시킬 수 있다면서 인류의 지식을 집대성한 '은하대백과사전'을 편찬하자고 한다. 셀던의 말만 철석같이 믿고 은하계 한구석의 황폐한 행성 터미너스로 이주해 백과사전을 만드는 사람들. 터미너스의 명시장 샐버 하딘, 우주무역상인 림마 포네츠, 최초의 무역왕 호버 말로, 매력적인 심리학자 에블링 미스, 트레비스와 페롤렛이 마주한 가이아의 진실은? 은하계의 운명을 놓고 벌어진 삼자대면의 결과는? 오로라, 콤포렐론, 솔라리아, 멜포메니아, 알파 행성을 거치는 여정은 마치 어린 왕자의 성인 버전 같다. 제2파운데이션은 존재하는가? 존재한다면 어디에 있는가? 제2파운데이션은 무엇을 위해 존재하는가? 해리 셀던은 행성을 돌로 삼고 은하계를 판으로 삼아 거대한 바둑을 둔다. 그가 무슨 수를 둘지 예상하는 재미, 그대로 맞아 떨어졌을 때의 기쁨만큼 뒤통수를 맞는 즐거움도 크다. 심리역사학은 마치 놀라운 마법처럼 보인다. 심리역사학이라는 거대한 파도는 마야인들의 운명론을 떠오르게 한다. 과연 미래는 예측할 수 있는가? 해리 셀던의 예언이 흐름을 바꾼다면? 예언은 가능한가? 예언자가 존재한다는 건 미래는 고정되어 있다는 뜻일까? 예언 자체가 변수가 된다면? 셀던조차 예측하지 못한 변수가 나타난다면? 그의 예측을 신뢰해도 되는 걸까?

3,650페이지에 이르는 여정을 따라가는 건 이번이 세 번째다. 페이지를 넘기다 보니 10년 전 읽었던 복선이 눈에 들어온다. '맞아 이런 반전이 있었지.' 반전을 알고 보는 것 또한 새로운 기쁨이다. 모든 것이 거대한 이야기의 흐름을 위해 필요한 장면이었다. 그것은 한 장면이 이야기 전체의 흐름을 바꿀 수 있으며 한 사람의 선택이 이야기를 전혀 다른 곳으로 이끌 수도 있다는 말이 아닐까. 미약한 존재라 해도 그 역시 세계를 이루는 조각인 것이다. 퍼즐을 완성하기 위해서는 모든 조각이 필요하다. 한 사람을 구하는 일이 세계를 구하는 일이 될 수 있고 한 사람을 기쁘게 하면 세계는 좀 더 나은 곳이 될 테지. 제국이 붕괴된 후 피비린내 나는 '대약탈' 시기 은하계 학문의 중심지를 수호한 이름 없는 학생들이 없었다면

이야기는 나아가지 못했을 거다.

고정된 텍스트를 통해 나의 변화를 실감하는 것도 독서의 기쁨이 아닐까. 일단 기록되면 그것은 고정된 사실이 된다. 고정된 사실을 해석하는 자신이 달라졌다는 말은 나의 역사도 진행형이란 뜻이다. 바꿀 수 없는 사실을 통해 나를 어떻게 바꿔나갈지 결정할 수 있지 않을까. 왜 이런 일이 생겼는지 생각하지 않는다. 자신의 선택을 믿어주면 운명이 된다고 믿는다. 생명을 이길 운명은 없다는 걸 안다. 나의 선택이 세계를 바꾸지 않아도 좋다. 지금까지 한 선택의 합이 나라는 존재이며, 나 역시 우주를 이루는 존재이니까.

예언보다 위대한 건 행동의 힘이 아닐까. 내일을 미리 아는 것보다 새로운 오늘을 만드는 것이 대단한 일이 아닐까. 어디에 있건, 무엇을 하며, 어떤 방향으로 가고 있건 살아 움직이는 존재라면 우주에게 그의 행동으로 '발언'을 계속하고 있는 거다. 그 모든 목소리가 모여야만 '역사'라는 흐름이 된다. 소망의 힘은 예언보다 강하고 상상의 힘은 운명을 만들어

낸다. 살아있는 존재만이 길을 만든다. 불변하는 것은 오직 변화뿐이다. 절대적이라 믿은 모든 것이 저 뒤편으로 사라진다. 일상은 물론 시대까지도 영원에 비하면 찰나일 뿐이지만 그 속에서 삶은 반짝거린다. 모든 것이 사라지기에 비로소 빛나는 것이 생명이 아닐까.

『파운데이션』 아이작 아시모프, 황금가지 2013

아무튼 피트니스

아무튼 시리즈는 저마다의 삶을 관통하는 단어로 이어낸 거대한 사전이다. '아무튼'의 기치 아래 모여든 단어들은 세상으로부터 나를 지키는 방패다. 자신을 변화시킨 마중물이며 나라는 사람을 정의하는 문장이기도 하다. 각각의 아무튼은 저마다의 모습으로 피어난 꽃이다. '계속 마시기 위해' 운동을 시작하는 작가의 모습은 술과 담배, 폭식과 스트레스에 절여진 상태로 줄넘기를 손에 쥐던 십 년 전의 나와 닮았다.

구름을 바라보고 바람을 느끼며 뛰던 순간이 보상이었다. 제자리에서 뛰는 동안 계절이 바뀌고 몇 년이 흘렀다. 있는 힘껏 뛰어오를 때마다 지구가 돌아가는 모습을 상상했다. 제자리에 멈춰 있는 것 같아도 삶은 조금씩 나아가고 있음을 실감했다. 스무 살의 나보다 가벼워진 몸이나 탄탄한 허벅지는 보너스였다. 사이즈가 맞지 않아 옷을 모조리 다시 사야 했지만 즐거웠다. 운동은 오롯이 나를 위한 시간이었다.

나를 위해 쓴 시간이 쌓이면 삶은 저절로 변화하기 시작한다. 몸을 아껴주면 운명도 나를 사랑해 준다. 나쁜 버릇을 고치는 건 어려웠지만 작은 습관 하나를 심는 건 간단했다. 돈도 안 되는 일에 땀 흘리는 이들을 비웃었던 건 나를 돈을 버는 도구로 생각했기 때문이었다. 목표 없이 흘리는 땀방울이 보상이란 사실은 해보지 않았다면 몰랐을 거다. 지나치게 생각이 많은 인간에게 몸을 움직이는 시간은 그 자체로 구원이었다. 몸을 움직이는 동안만큼은 마음이 쉴 수 있었다. 내 뜻대로 움직일 수 있다는 건 축복이었고 몸은 거짓말 따위 하지 않았다. 자존감은 온전히 나를 위한 시간을 보낼 때 저절로 차오르는 거였다. 체중 앞자리를 6으로 뒤집는데 반년이 걸렸다. 운동할 생각만 해도 스트레스를 받던 인간이 운동을 하지 않으면 불안해하는 인간으로 변하는 기간이었다.

땀으로 전날의 피로를 털어내고 마주하는 오늘은 새로

웠다. 힐링이 따로 있는 게 아니었다. 나를 위해 무언가를 하는 거였다. 세상을 바꿀 수는 없어도 내 몸을 변화시킬 수 있다는 체감. 이 몸이 내가 살아가야 할 세상이라는 깨달음. 몸을 바꾸면 살아갈 세상 역시 바뀐다는 사실은 경험해보지 않으면 모른다.

　피트니스로 몸의 균형을 잡아가는 저자처럼 밸런스가 좋은 책이었다. 강연을 다니는 분이라 그런지 입담이 좋아 썰을 푸는 대로 따라가도 유쾌하게 쭉쭉 읽혔다. 엉덩이에 대한 담론은 그야말로 백미였다. 인권 운동가의 시선으로 바라본 '체육관의 운동, 체육관의 노동' 편도 신선했고 '탈의실 정치'편은 공감하지 않을 수 없었다. 그래서 내가 사람 모이는 곳을 싫어한다. 무릎이 고장 나기 전까지는 달리기에 빠져 한동안 보호대를 차면서까지 뛰었다. 지역의 명산을 찾아다니고 자전거로 전국 곳곳을 다니기도 했지만 산악회나 러닝 크루, 자전거 동호회 근처도 가지 않았다. 혼자서도 가능한 운동을 사람들과 함께하고 싶은 마음은 들지 않았다.

어쩌면 사람들에게 질릴 대로 질린 상태였기 때문일지도 모른다. 함께 하면 나름의 즐거움이 있다는 걸 알지만 그로 인해 발생하는 1그램의 스트레스도 감당하기 싫었다. 관계에서 벗어나 그저 자신으로 존재하기만 하는 상태에 머물고 싶었다. 언어를 잊고 숨소리에만 집중하는 시간, 생각을 내려놓고 몸의 노래를 듣는 순간 평화가 깃들었다. 사람들과 어울리는 것보다 나와 어우러지는 걸 좋아하는 인간이기에. 나는 독서가 그러하듯이 운동 역시 쓸모의 바깥에 있길 바랐다. 시간의 흐름에서 비껴나 나만의 공간에서 존재하기를 원했다.

내친김에 『아무튼 달리기』 『아무튼 등산』 『아무튼 요가』 『아무튼 발레』까지 단숨에 읽어버렸다. 누군가에게는 달리기가 구원이었고 누군가에게는 등산이 탈출구였다. 어떤 이는 요가로 새로운 문을 열었고 어떤 이는 발레를 계속한다. 상실감을 이겨 내려고 야밤에 달리기를 시작하건, 똑같은 일상이 지겨워 산에 오르건, 무료하게 낮잠이나 자는 게 싫어 발레를 시작하건 각자의 첫걸음은 방향은 달랐으나 저마다 새로운 세계를 연다.

　　모든 첫걸음은 세상에 없던 길을 만들어 새로운 세계로 인도한다. 땀은 마르지만 땀이 흐른 길은 몸에 새겨지고 무엇으로도 지워지지 않는 흔적이 남는다. 어떤 이유로든 자신에게 맞는 운동을 찾아내고 자신만의 리듬에 몸을 길들이는 모두가 아름답다. 땀방울은 저마다의 것이니까. 각자의 페이스로 자신만의 길을 달려 나가는 모두를 받아들일 만큼 세상은 넓으니까.

『아무튼, 피트니스』 류은숙, 코난북스 2017

아무튼, 아무튼

이왕 이렇게 된 거 작가의 전작을 읽어나가듯 아무튼 시리즈를 몽땅 읽어보기로 했다. 『아무튼 게스트하우스』를 읽으면서는 겨울 제주를 자전거로 달리던 기억이 떠올랐다. 제주공항 근처의 게스트하우스, 술을 마시며 어울렸던 사람들의 얼굴은 어렴풋하지만 그때 깔고 앉았던 카펫의 촉감은 이상할 정도로 생생하다. 하루 종일 찬바람을 맞으며 달리다 도착한 게스트 하우스, 주인도 없는 게스트 하우스에서 난로를 껴안고 자던 밤이 되살아난다. 『아무튼 비건』은 나라는 존재와 남이라는 대상에 대한 고찰이 돋보였지만 그런 당신이 문제라는 식으로 공격적으로 말하는 대신 우리 함께 답을 찾아보자고 말했으면 어땠을까 아쉬웠다. 하루 두 끼는 바나나와 두부를 먹고 우유에서 두유로 바꿨다. 나름대로 실천하다 뭔가 부족한 마음에 책을 펼쳤지만 공부 잘하는 아이에게 배움을 청했다가 넌 이런 것도 모르냐고 무시당한 기분이랄까. 분명 맞는 말로 가득한데 알맞은 방식으로 말하지 않는 느낌이랄까. 비록 모든 문장에 동의할 수는 없지만 모두가 한 번쯤은 읽어야 할 책이라 느꼈다.

    누군가는 '식물'과 교감하며 자신을 치유한다. 나만의 식물을 기르며 자신을 돌보는 법을 배우고 나라는 세계를 지탱한다. 54개의 화분이 있던 베란다를 떠올린다. 유독 춥고 바람이 많이 불던 집에서 로메인 상추, 애플 민트, 로즈마리, 딸기 화분에 정성스레 물을 주고 조금이라도 햇볕을 쬐게 해주려 애쓰던 날들을 기억한다. 나를 필요로 하는 존재가 있다는 것이 오히려 위로가 되던 날들이었다. 열매라 불러도 될까 싶은 작은 딸기를 삶을 구원할 영약처럼 꼭꼭 씹어 삼키던 밤과 조심스레 상추를 뜯어 모아 만든 샐러드의 식감이 초록초록 되살아난다. 그래, 내게도 동거동락, 천생연분, 개그 콘서트, 웃찾사, 1박 2일처럼 건조한 삶을 위로해주는 '예능'이 있었다. 리모컨만 만지작거리는 내 모습이 싫어 텔레비전을 버리기 전까지는 그랬다. 어쩌다 자기들끼리 즐기는 예능이 주류가 되어 버렸을까. 시청자를 즐겁게 하는 예능을 다시 볼 수 있기는 할까.

　『아무튼 인기가요』를 펼치자 그 시절 길보드 차트라 부르던 가판대가 떠올랐다. 전구를 잔뜩 매단 리어카로 불빛에 이끌린 오징어처럼 달려들던 청소년기가 있었다. 라디오에서 카세트테이프, CD에서 MP3로, 음원 스트리밍 서비스로. 내게 들어온 노래들은 마음을 흔들다 내 안의 무언가와 함께 빠져나갔다. 넬과 바이브의 노래로 상실을, 드렁큰 타이거와 다이나믹 듀오의 노래로 청춘을, 무수한 인기가요와 함께 밀레니엄을 흘려보냈다. 『아무튼 클래식』에서는 글쓰기와 음악이 묘하게 닮았음을 깨달았다. 작곡가가 쓴 곡이 연주자에 따라 새롭게 발현되듯이 작가가 쓴 책도 독자에 따라 다르게 해석된다. 작가가 그곳에 있어야 할 단어를 찾기 위해 침묵 속으로 들어가듯 작곡가는 고독 속으로 들어가 음표를 건져낸다. 책 말미에 소개한 곡들을 플레이리스트에 담았다.

　내가 선택하지 않은 세계를 걸어보는 것도 흥미로운 일이었다. '하루키'를 원서로 읽고 싶어 일본어를 전공하다니이 사람 멋지다!『달리기를 말할 때 내가 말하고 싶은 것들』때문에 달리기를 시작하고『위스키 성지 여행』속 위스키를 구해다 마시던 나는 별난 것도 아니었다. '스릴러'에 대한 흥미로운 정의를 접하거나 '로드무비'라는 낯선 세계와 조우했다. 문구인이라 자칭하는 저자 덕분에 문방구의 추억이 새록새록 되살아나기도 했다. 내가 살아낸 세계를 돌아보는 것도 멋진 일이었다. '뜨개'에는 퇴직 후 수세미를 짜 프리마켓을 다니는 어머니가 있었고 '목욕탕'에는 어린 아들의 몸을 비누 묻힌 수건으로 닦아주던 젊은 아버지가 있었다. '장국영'의 거짓말 같은 죽음을 안타까워한 적은 있으나 그에게 빠지지는 않았다. 또래 남자애들이 그러하듯이 주윤발처럼 성냥개비를 물고 비비탄 총을 쏘며 뛰어다녔을 뿐이다. 그 시절의 홍콩은 지금의 한류처럼 위상이 드높았다. 이소룡과 성룡의 액션을 따라하고 동방불패의 임청하와 천장지구의 오천련을 동경했었다. 왕가위 감독의 중경삼림과 화양연화를 사랑했었다. 우연인지 장국영의 죽음과 함께 빛을 잃은 장소. 한 번도 가본 적 없는 홍콩의 밤에는 뜨거웠던 그 시절의 낭만이 잠들어 있다.

홍콩의 밤이 저물고 '싸이월드'의 아침이 밝았다. 싸이월드의 전성기는 내 생에 가장 찬란했던 시절과 함께였다. 오랜 암흑기를 거쳐 밑바닥까지 떨어졌다가 손목에 붕대를 감고 고향으로 돌아왔을 무렵이었다. 운명 같은 사랑과 청춘의 이름들. 그 시절은 사라졌고 그때의 인연들은 살아서 만날 일 없는 이름들이 되었지만 그때의 빛은 삶을 데우는 온기로 남았다. 쿨하지 못하지만 뜨거웠던, 서툴렀지만 순수했던, 가난했지만 기쁨으로 가득했던 그때. 멀어질수록 빛나는 것이 별뿐일까. 추억도 그렇다. 세월을 들이면 짙어지는 것이 술뿐일까. 사람도 그렇다. 아무것도 아니라며 흘려보낸 순간보다 소중한 것이 없음을 아는 나이가 되었다.

『아무튼 망원동』은 한 번도 가보지 못한 장소에서 마주한 나의 어린 시절이었다. 물난리난 망원동이 '상습침수지역'이었던 우리 동네 같았다. 시간을 되감듯 거꾸로 배치된 목차를 따라 어둠 속으로 들어간다. 길을 되짚어 눈부셨던 날들을 마주한다. 아홉 시만 되어도 동네가 어두워지던 시절인데 왜 이렇게까지 반짝이는 기억으로 남아 있을까. '데파트 앞에서 보자.'며 전화번호 수첩을 뒤져 연락하던 친구들은 공중전화와 함께 어디론가 사라지고 추억만이 남았다. 어릴 적 여름방학마다 올라가 지내던 할머니 댁은 흰여울 문화마을이 되었고 세 들어 살던 집은 폐가가 되었다. 『아무튼 잡지』에 등장하는 잡지들도 어느새 사라지거나 멀어진 이름들이다. 무엇이든 찾아볼 수 있는 편리함 이면에는 무엇도 손에 잡히지 않는 공허한 그림자가 있다. 월간지와 주간지, 신문이 놓인 자리를 실시간 검색어가 차지하더니 이제는 알고리즘이 지배한다. 지배하지만 보이지 않고 지배당하지만 신경 쓰지 않는 시대. 마그나 카르타에 무릎 꿇은 왕 존처럼 살아가는 우리들. 하지만 절벽 사이로 나오던 샘물이, 비가 오면 잠기던 골목길이, 거리에서 지르던 뜨거운 함성이 나를 여기까지 데려왔다. 사라진 풍경과 멀어진 이름들을 잃어버렸다고 생각했다. 나의 일부가 잘려나간 거라 여겼지만 보이지 않게 된 것들은 내 안에 있었다. 인연은 흩어졌지만 추억은 켜켜이 쌓여 나라는 사람을 이룬다. 다시 보지 못할 풍경들은 사라지지 않을 장면이 되어 몸 어딘가에 남아 있다.

『아무튼 택시』는 펼치기도 전에 아버지가 떠올랐다. 운전을 해서 밥을 벌었던 그의 어깨를 생각했다. 빈곤했지만 아직 가난을 죄라 여기지 않던 유년기를 기억했다. 택시를 둘러싼 채 해맑게 웃고 있는 가족사진을 떠올리자 가슴에서 무언가 울컥하고 올라와 잠시 책을 덮었다. 누군가를 목적지로 데려다주는 것이 일이었지만 자신은 결코 원하는 삶에 닿지 못했던 남자의 얼굴이 차오른다. 마음을 가라앉히고 다시 책을 펼친다. 택시 운전사가 쓴 책이 아니라서 다행이다. 만약 그랬다면 읽기 버거웠을 테니까. 마음대로 되지 않는 생이었지만 자신의 삶에서는 주인공이었으니 그리워하되 동정해서는 안 된다. 슬퍼하되 아파하지는 않기로 하자.

내가 알지 못하는 세계를 엿보고 나와 같은 시대를 공유한 사람의 이야기를 들여다본다. 나의 삶을 되돌아본다. 삶을 언어로 전환하는 것이 작가의 일이라면 활자를 자신의 언어로 번역하는 것은 독자의 몫이다. 작가가 완결한 원고는 독자가 읽을 때 비로소 완성된다. 저마다의 방식으로 구축한 아무튼의 세계를 여행하며 단조롭다고 여겼던, 일하고 술 마시고 책을 읽는 것만이 전부라 생각했던 나의 삶이 얼마나 다채로운 색으로 물들어 있는지 깨달았다. 나라는 세계를 이루는 이야기들을 되찾는 모험이었다.

나를 만든 세계는 아무래도 책이 아닐까. 내가 만든 세계는 내가 써낸 책들이 아닐까. 활자의 세계에서 읽고 쓰며 살아가고 있으니 나의 아무튼은 책이 아닐까. 숙박비를 아껴 여행 기간을 늘리듯 생활비를 아껴서라도 오래 글을 쓰고 싶다. 낯선 장소가 아니어도 좋다. 때가 되면 피어나는 꽃들이 나의 여행이다. 앙상하던 나뭇가지를 뒤덮은 초록 잎들이 나의 여행이다. 그런 건 '진짜 여행'이 아니라 말해도 괜찮다. 바람처럼 떠나지 않아도 바람은 내게 계절을 데리고 오니까. 이곳에서 책을 읽는 것이 내가 아는 가장 멋진 여행이니까. '나를 만든 세계, 내가 만든 세계'의 모토 아래 세 출판사가 함께 만들어가는 아무튼의 세계가 확장을 멈추지 않기를 바란다. 한 구석에 나만의 아무튼을 끼워놓을 수 있다면 더할 나위 없을 테지.

그래도 종이책

디지털 교과서를 도입한다는 뉴스를 읽었다. 책을 읽지 않아 문해력 부족이 사회 문제로 대두되는 시기에 반드시 필요한 일일까? 찬성하는 쪽은 학습 효과가 향상되고 비용 효율성이 좋으며 환경 친화성이 있다고 주장한다. 반대하는 쪽은 학습 효과가 오히려 저해될 거라 우려하고 스마트 기기에 대한 과도한 의존성을 지적한다. 디지털화의 시대적 흐름을 거스를 순 없겠지만 이렇게까지 급박하게 결정할 일일까? 이것이 정말 우리 아이들을 위해 불가피한 선택일까? 이것은 도대체 누구를 위한 결정일까? 학교에서조차 접할 수 없다면 과연 아이들이 책을 읽을까? 읽지 않게 된 아이들이 만들어갈 세상은 어떤 모습일까? 종이책이 사라진 세상을 생각한다. 레이 브래드버리의 화씨 451의 세계. 빅브라더가 민중을 통제하는 세계. 인간이 AI에게 배우는 세계가 이미 도래한 것 같아 두렵다. 기술의 발전은 어찌할 수 없는 일이라지만 어느 정도의 속도로 나아갈지는 신중하게 결정해야 하지 않을까. 흘러간 강물을 돌이킬 수는 없을 테니 말이다.

　　반대 서명을 하고 글을 올렸다. 몇 분이 서명을 하고 오셨다고 댓글을 남기셨고 일선 교사로 일하시는 분께서 메시지를 남기셨다. 내년 3~4학년을 시작으로 전자 교과서가 도입될 예정이며 자신이 근무하는 학교도 모든 교실의 전자칠판 공사를 마친 상태라고 하셨다. 종이 교과서가 없어지진 않고, 전자 교과서는 보조 자료일 뿐이라고 말하지만 걱정이라고 하셨다. 전자 교과서는 수준별로 문제가 제공되는 이점이 있다는데 어떨지 모르겠다고 하셨다. 곧 전자 교과서 선정을 해야 하는데, 9월 중순인 지금까지 접하지 못했다. 종이 교과서 업체와 전자 교과서 업체가 달라 살펴봐야 알 수 있겠다고 하셨다. 교사들 사이에서도 우려의 목소리가 높은데 자신의 생각으로는 그냥 보조 자료로는 계속 유지되지 않을까 싶다고 하셨다. 활용 여부는 교사 재량에 맡길 거 같다고, 현장에서 아이들 사이에 존재하는 수준 차이를 일일이 커버해주긴 힘드니 공부를 잘하는 초등학교 고학년이나 중등부 아이들한텐 추가 학습 교재가 있으면 좋긴 하다고 하셨다. 돈 낭비로 끝날까봐 반대하고 있고 노조에서도 힘쓰고 있으니 도입되더라도 보조 교재 정도에 그칠 거라 바라본다고 하셨다. 현장에서 독서교육이나 글쓰기를 무척 강조하고 있으니 걱정 말라고 하셨다. 최소한 자신이 맡은 아이들만큼은 더 주의를 기울이겠다고 약속하셨다. 안 그래도 일선의 이야기를 듣고 싶었는데 어찌나 감사한지. 이런 선생님이 계시니 든든할 따름이다. 일부러 연락을 주신 선생님 덕분에 한결 후련해진 마음으로 거제로 가는 버스에 올랐다.

스마트폰으로, 컴퓨터로, 텔레비전과 내비게이션으로 항상 무언가와 연결되어 있는 시대다. 세계와 연결되는 것은 꽤나 피곤한 일이다. 세상을 보느라 자신을 돌볼 시간이 없다. 현대인이 우울증에 시달리는 건 연결에 지쳐있기 때문은 아닐까. 이 시대에 독립된 존재로서 머무를 수 있는 마지막 보루가 종이책이 아닐까. 종이책은 단순히 본다는 수동적 행위에 그치지 않는다. 종이책은 책을 고르고 책장을 넘기고 문장을 옮겨 쓰고 생각에 잠기는 능동적 행동을 유발한다. 오롯이 나로 존재하는 시간에 영혼은 스스로를 치유하기 시작한다. 물론 전자책보다 종이책이 낫다고 생각하지 않는다. 구글 같은 대기업이 이익을 추구하느라 문학을 독점하지만 않는다면 어느 쪽이든 상관없다. 각각의 장점이 있는 거니까. 점자의 발명이 있었기에 많은 맹인이 이야기라는 세계의 주민이 될 수 있었다. 오디오북이 아니면 책을 읽지 못하는 사람들도 있을 것이다. 전자책 시장이 넓어져 한 사람이라도 책을 읽는 이가 늘면 좋은 일이 아닐까. 어떤 방식이건 좋다. 자신에 편한 대로 즐기면 그만이다. 책이라는 세계는 누구의 방문도 거절하지 않는다. 세상의 모든 책은 단 한 명의 청중을 위해 공연하는 오케스트라다. 책을 펼치기 전까지 존재하지 않았던 세계다. 각각의 독서는 저마다 오롯하면서도 작가와 독자를 잇고 세계와 존재를 연결하는 통로가 된다. 책은 저마다의 세계들이다.

그럼에도 나는 종이책을 읽을 테지만 말이다. 종이책에 길든 몸이라 질량이 없는 책은 환상처럼 느껴진다. 손으로 집어 책의 냄새를 맡고 문장을 맛보고 종이 넘기는 소리를 듣는 일련의 과정이 필요하다. 내게 책은 종이로 된 몸을 가진 생명체다. 어루만지며 함께 살아갈 반려다. 책의 몸이 내 손에 닿아 있어야 안심할 수 있다. 이토록 편리하고 풍요로운 세상인데 왜 이렇게 공허한 사람이 많은 걸까. 무엇을 잃어버린 걸까 오랫동안 생각해왔다. 우리가 빼앗긴 것은 감각이 아닐까. 수만 년 누려온 오감의 자유를 불과 백 년 사이에 잃어버렸다. 놀이터는 온라인 게임으로 대체되었고 만화책은 컴퓨터 화면 속으로 들어갔다. 텃밭과 바다는 택배로 배달되어 오고 스마트폰을 꽂아야 세상에 연결될 수 있다. 월급봉투는 화면 속 숫자로 대체되었고 가족과의 대화는 모바일 속에 존재한다. 살아있는 것을 키우는 기쁨을 빼앗겼다. 우리에게 허락된 자유는 단지 보는 것뿐이다. 오감을 자유롭게 쓰지 못하는 삶은 사지가 묶인 감옥과 다르지 않다. 삶의 기쁨을 되찾고 싶다면 몸을 움직여야 한다. 마트에 가 직접 재료를 골라 요리하고, 길 가에 핀 꽃의 냄새를 맡아보고, 빗물의 감촉을 느껴 보고, 지속적으로 몸을 움직일 무언가를 찾아야만 한다. 감각이란 나 아닌 것들과의 만남. 매 순간 느끼는 감각이 살아있음을 증명한다. 내게 종이책이 그러한 존재다. 익숙한 잉크 냄새와 저마다 다른 종이의 질감, 책장을 넘기는 손길 사이에 깃든 평화. 오래된 책 냄새를 맡을 때마다 고향으로 돌아온 것만 같다. 가방에서 꺼낸 두툼한 종이책을 껴안고서 거가대교를 건넌다.

    그래도 종이책이 남아 있기에 살아갈 힘을 잃지 않는다. 꽃향기를 맡으면 힘이 나는 꼬마자동차 붕붕처럼 책 냄새를 맡을 때 살아있음을 체감한다. 웹소설이 지닌 매력을 부정하진 않지만 그래도 직접 페이지를 넘겨야 살아있음을 느낀다. 가상 현실이 아무리 발전해도 내 상상보다 멋진 걸 보여주진 못하리라. 그런 기술이 개발된다 해도 직접 상상하는 기쁨보다 크지 않을 거다. 세상이 어떻게 변하든 나는 종이로 된 책을 읽을 것이다. 독서보다 나를 편안하게 만드는 일은 없다. 읽는 순간만큼은 온전한 나로 존재할 수 있고 책을 펼 때마다 나 아닌 모든 것이 될 수 있다. 책을 읽는 동안 나는 여기에 있고 동시에 그곳에 있다. 가끔 독서는 내 안의 신성을 느끼는 일인지도 모른다는 생각마저 든다. 가끔 지나치게 열심히 살아서 허무해지는 날도 있었지만 하루의 끝에 책이 기다리고 있었기에 버텨낼 수 있었다. 때로 무너질 것 같은 날에도 책을 펴고 페이지를 넘기는 동안 서서히 본래의 나를 되찾을 수 있었다. 책의 멸종을 우려하고 독서의 종말을 걱정해도. 여전히 책을 읽는 사람이 있다. 종이책의 기쁨을 아는 사람이 있는 한, 활자로 구성된 생태계는 사라지지 않을 것이다. 나는 푸른 바람이 부는 이곳에서 종이로 된 책을 읽다 떠날 것이다.

3장
책으로 생각하다

오늘 글을 썼다면 그는 작가다.
화가가 그려낼 수 있는 최고의 작품이
물감으로 범벅된 두 손이듯이 작가를 증명하는 건
장식장에 모셔둔 상패가 아니라
그가 써낸 문장이 아닐까.

미생

 장그래의 눈으로 우리가 만든 세상을 본다. 치열한 경쟁에 지친 우리의 초상을 읽는다. 꼭 이렇게 살아야만 하는 걸까. 우리는 시스템을 위해 삶을 전부 바쳐야만 하는 걸까. 잠잘 시간을 줄이고 허겁지겁 배를 채우며 우리는 어디로 가는 걸까. 극소수의 사람만이 얻는 성공이라는 타이틀과 안정이라는 환상을 위해 지금껏 그래온 것처럼 앞으로도 살아야만 하는 걸까. 세상이 원래 그런 거라는데 지금의 세상을 만드는 건 누구일까. 아이들 볼 시간도 없이 일하는 부모? 친구를 이기려고 학원을 도는 아이들? 퇴직 후에 하릴없이 과거를 돌아보는 노인들? 연중무휴 가게를 여는 자영업자? 다들 힘들면서 한 번뿐인 인생을 타인을 위해 바친다. 자유를 직장에 헌납하고 여행자에서 노예로 전락한다. 이야기를 따라가는 내내 장그래에게 어떻게든 해내라는 말보다 어떻게 되든 이야기가 된다고 말해주고 싶었다. 이리로 가야만 한다는 말보다 어디로 가도 길이 된다고 말해주고 싶었다. 지금은 나의 모든 것이어야 하지만 이곳이 살아볼 세상의 전부는 아니니까. 여기까지 오느라 고생했다며 소주 한 잔 따라주고 싶었다. 사람들에게 쓸모를 증명해야만 제대로 된 삶은 아니라고 말해주고 싶었다. 우리는 시스템을 위한 부품이 아니다. 우리는 쓰이는 물건이 아니라 이야기를 쓰는 사람이다.

밥을 버는 건 중요하지만 밥을 벌기 위해서만 살기에 삶이 메말라 가는 건 아닐까. 더 나은 삶을 위해 나라는 존재를 내버려둬도 되는 걸까. 좋은 직장에 들어가기 위해 삼십 년을 쓰고 회사를 위해 나머지를 쓰면 나를 위한 삶은 어디에 있는 걸까. 직장에서 나오면 어디서 보람을 찾아야 할까. 그마저도 사치라 경비 일을 하고 가게를 차리고 대리운전을 해야 한다. 한 번뿐인 삶, 열심히 하는 걸로 정말 충분한 걸까. 더 큰 집을 바라지 않는다면, 더 좋은 차를 원하지 않는다면, 남들처럼 사는 걸 목표로 하지 않는다면 선택지가 늘어나지 않을까. 일에 재미를 붙이는 건 좋지만 일에 삶의 모든 의미가 있다고 여기지 않았으면 좋겠다. 직장에서 존재감을 드러내기 위해 삶에서 부재중이 되지 않기를 바랐다. 일을 해야 살 수 있지만 일을 위해 살 필요는 없다. 그 길이 틀리진 않지만 그 길만이 길은 아니라고 말해주고 싶었다. 개와 늑대의 길로 나눌 필요 없다. 그저 사람의 길을 가면 된다. 어디로 가도 길이 된다. 아직 살아있지 못한 자라니. 아직 살아있는 사람만이 미생이다. 이야기를 마친 사람은 말이 없다. 미완은 이야기가 이어지고 있다는 증명이다. 가볍게 가자. 경쾌하다고 진지하지 않은 것은 아니니까. 대단하지 않은 일이 어디 있고 특별하지 않은 일이 어디 있을까. 지금껏 걸어온 길은 언제나 해냄이었다.

평범하게 사는 게 쉽지 않다는 말에 갇히고 싶진 않다. 평범함을 위해 나의 전부를 포기해야만 한다면 더욱더. 평범함을 위해 특별한 것들을 놓아버리기에 삶이 불행해지는 건 아닐까. 이게 현실이라며 가르치려는 사람 중에 배울 점이 있는 사람은 거의 없었다. 행복해 보이는 사람 역시 보지 못했다. 타인을 밀어내면서까지 세상의 중심으로 들어가고 싶지 않다. 어디에 있건 내가 서 있는 곳이 생의 한가운데니까. 바둑을 두듯 운명이 둔 한 수에 자신이 대응한 수가 어우러져 하나의 이야기가 된다. 바둑에서는 악수가 있을지 몰라도 인생에서는 자신의 선택을 믿어주면 모든 수가 묘수가 된다. 오늘 누린 것들이 누군가의 노고 덕분임을 잊지 않고 살아가는 한 수. 오늘 해낸 모든 것들이 누군가의 기쁨이 되길 바라며 나아가는 한 수. 그거면 충분하지 않을까.

『미생』 윤태호, 위즈덤하우스

송곳

 구고신 소장이라면 장그래에게 무슨 말을 했을까? 장그래의 '바둑'을 보며 판을 엎고 다시 짜야 한다고 말하지 않을까. 첫 장면부터 아프게 찔러 온다. 가스 끊긴 단칸방에 웅크리고 울던 스물넷의 밤이 되살아난다. 돈 없어 죽겠다는 말로 절벽으로 밀어내던 갑들의 얼굴이 스쳐간다. 그들의 거짓말에 속아 세월의 저편으로 떠내려간 선량하기만 한 이름들을 기억한다. 떼인 임금을 받지 못한 그때 노무사 구고신을 만났더라면 어땠을까. 임금을 떼어먹으려는 인력사무소 소장을 만났다. 밥도 주지 않고 일을 시키던 노래방 사장을 만났다. 몸살에 걸리자 내일부터 나오지 말라던 그릇가게 주인이 있었다. 정산이 맞지 않는다며 월급을 까던 주유소 사장을 기억한다. 불과 스물이 되기 전에 겪은 일들이다. 그 시절에는 불법적인 일을 요구하거나 인격을 짓밟는 행위가 당연했다. 적어도 저런 인간만은 되지 않겠다고 각오했었다. 언젠가 자리를 잡게 되면 사람을 사람답게 대하리라 다짐했었다. 생일을 챙겨 주고 밥을 사 먹이고 술을 따라주고 이야기를 들어주었지만 글쎄, 그걸로 충분했을까. 버스에 탈 때 고개 숙여 인사하고 가게에 가면 정중히 대하는 걸로 괜찮은 걸까. 세상을 바꾸기 위해 나는 무엇을 했던가. 투표했으니 그걸로 됐다며 외면한 건 아니었을까.

갑은 악하고 을은 선량한가? 풀을 먹는 토끼는 선하고 토끼를 먹는 호랑이는 악한가? 을의 갑질은 정당화될 수 있는가? 어디까지가 갑이고 을인가? 하청이라는 꿀물을 마시며 살찌우는 자들은 누구인가. 소수의 정규직이 되려고 서로를 물어뜯어야 할까. 원칙대로 하면 모든 것이 해결되는가? 우리는 아이들이 살 만한 세상을 선물하는 대신 아이들에게 살아남는 법을 가르치고 있는 건 아닐까? 나의 편리함을 위해 얼마나 많은 땀이 필요했을까. 값싼 물건을 고르는 손길에 누군가의 울음이 있진 않았을까. 부조리함을 마주하고도 세상이 원래 그런 거라며 외면하진 않았던가? 폭력의 시대를 거쳐 온 나는 어떤 인간이 되었을까. 불합리함을 견디는 것을 강함으로 주장하며 살아온 것은 아닐까. 무수한 질문들이 머릿속에서 맴돈다. 읽는 내내 가시방석이다. 얼굴을 모르는 누군가에게 고개를 숙이고 싶어진다. 이수인 앞에서 나는 무슨 말을 할 수 있을까. 아니 입을 열 자격은 있는 걸까? 정의는 무엇인가? 깃발을 흔드는 사람보다 손수건을 건네는 사람이 되겠다는 나의 다짐은 정당한가? 내가 믿는 정의에 호응하는 걸로 충분할까. 영웅이란 이름으로 나와 같은 인간에게 희생을 강요한 것은 아닌가. 옳음은 '나' 앞에서 무력한 걸까.

살려는 발버둥과 조여매려는 손길이 얽혀 펼쳐내는 서글픈 춤사위. 그래도 말려서는 안 될 싸움이라는 사실은 안다. 싸움이 계속되어야 한다는 걸 안다. 박수는 치지 못할지라도 손가락질해서는 안 된다는 걸 안다. 살아남기 위한 싸움은 동백보다 붉고 연꽃보다 짙다. 추위를 견뎌낸 이들이 있기에 지금에 이르렀다. 더러움을 밀어낸 이들이 있어 여기까지 왔다. 어떤 '나'들은 '나'를 대신해 앞으로 나선다. 적어도 그들의 뒤를 지키는 사람 정도는 되고 싶다. 사람으로 살다 사람으로 죽고 싶다. 사랑하고 기뻐하듯이, 분노하고 싸우는 인간이고 싶다. 사람답게 살려면 외쳐야 한다. 저마다의 계절을 살며 각자의 싸움을 하지만 우리들은 같은 땅을 밟고 살아가야만 한다. 분명 아픈 곳만 골라 찌르지만 못 견딜 정도는 아니다. 죽은 피를 빼내지 않으면 썩어버린다. 내 안의 고름을 빼는 송곳이다. 혈을 바로잡는 침술이고 함부로 사람을 짓밟지 못하게 튀어나온 못이다.

살아있는 모두가 대체할 수 없는 단어들이다. 단어들은 저마다의 의미로 오롯하다. 각자가 써 내려가는 이야기는 스스로 완결된다. 그러나 단어들이 이어져야 비로소 온전한 문장이 된다. 우리에게 필요한 것은 서로가 서로를 필요로 한다는 깨달음이 아닐까. 서로에게 손을 내밀어야만 이어지는 문장이 있다는 체감이 아닐까. 이기기 위해 싸우는 것만이 전부가 아니다. 싸울 힘이 있다는 걸 깨닫는 것만으로도 승리다. 그저 당하고만 살지 않아도 된다는 사실을 깨닫고, 지금 자신이 속한 곳이 살아갈 세상의 전부가 아님을 느끼는 걸로도 전진이다. 『송곳』은 비단 청소 노동자나 마트 노동자만의 이야기가 아니다. 한 교사가 학부모의 갑질을 이기지 못하고 스스로 목숨을 끊었다. 한 청년이 구명조끼도 없이 실종자 수색 작업을 하다 목숨을 잃었다. 한 아파트 주민들은 경비실에 에어컨을 설치하면 관리비가 죽을 때까지 올라가고 공기가 오염되며, 공기가 오염되면 수명이 단축된다는 이유로 냉난방기 설치를 반대했다. 한 병원에서는 환자는 금식 중인데 간호사가 커피나 처마신다며 불만을 제기했다. 나만 알고 우리를 모르면 괴물이 된다. 권리만 찾고 배려를 버리면 사람다움을 잃는다. 꿈틀하지 않으면 그것이 당연한 줄 안다. 그러니 『송곳』은 노동으로 밥을 버는 이라면 한 번은 읽어야 할 책이다. 밥을 버는 이들에게 빛을 비추는 책이다. 마지막에 쏟은 눈물로 계속 살아갈 물결을 만드는 마법이다. 파도는 구름을 삼킬 수 없을지도 모른다. 하지만 물결은 물결을 일으킨다. 물결이 모여 우리를 이곳에 데려왔듯이 우리의 몸짓이 새로운 파도를 일으킬 거다. 우리가 살아갈 곳은 허공이 아닌 고해, 삶의 바다다. 적어도 우리는 서로의 어깨에 기댈 수 있다. 우리가 만든 세상이 이곳이지만 우리가 곧 세상이다.

  송곳이 드라마로 제작되었다는 소식을 들었다. 배우 지

현우는 이수인 역에 제법 어울리고 배우 안내상은 마치 구고신 역을 맡기 위해 살아온 듯한 사람이다. 그들이 해석한 이야기가 궁금하지만 참을 생각이다. 송곳을 이미지화하지 않고 응어리진 채 내버려둘 것이다. '혹시 저 사람이?' 삶에서 마주하는 사람들이 이수인이나 구고신, 양춘단과 인경미일 수 있다는 의구심과 함께 살아갈 것이다.

『**송곳**』 최규석, 창비

번역서에 바치는 장미

얼마 전 자신이 번역 일을 하는 사람이라며 올린 글을 보았다. 고전은 물론 중세나 근대에 쓰인 책에 들어있는 인종 차별적이거나, 제국주의적이거나, 남성 지배적인 단어들을 21세기에 맞춰 '고쳐 써야' 한다는 소름 끼치는 주장이었다. 독자의 판단에 맡겨두어야 할 부분을 번역자가 고쳐 쓰려 하다니. 시민들이 무엇을 읽을지 결정하던 독재자들의 '검열'과 다를 게 뭐지? 중국의 동북 공정이나 일본의 역사 왜곡과 다를 게 뭐지? 창작에 삶을 바친 작가를 모욕하는 일이 아닌가? 제멋대로 고쳐 쓴다고? 자신이 속한 세계에 대한 테러리즘이 아닌가. 자신의 옳음에 대한 확신일까? 자신이 작가나 독자보다 우월하다고 생각하는 걸까? 시대에 걸맞은 단어가 아니라도 함부로 바꿔서는 안 된다. 잘못된 개념이라도 내버려두어야 한다. 서로의 다름을 인정하듯 시대의 변화를 납득해야 한다. 지난 시대가 현재에 비해 '열등'하다는 식으로 다룬다? 지난 세기 나치의 발상과 뭐가 다른가? 주어를 민족에서 시대로 바꾸었을 뿐 아닌가. 무수한 물음표들이 떠올랐고 그의 마침표가 무서웠다.

물음표는 각자의 몫이다. 느낌표를 찍는 지점은 저마다 다르다. '검열'할 권리가 있다고 믿는다면 다른 직업을 알아보길 바란다. 시대에 뒤떨어진 단어라도 거기에 있어야만 할 권리가 있다. 음주 운전이 나쁘니 세상의 술을 모두 없애자는 식의 논리는 곤란하다. 내 아이를 위해 범죄자들을 모두 죽일 수는 없다. 문학도 마찬가지다. 아이의 '눈을 가리는' 대신 그때 그러한 단어를 사용한 배경을 설명해 주어야 한다. 판단은 개인의 몫이다. 스스로 사유한 뒤 판단할 권리를 빼앗아서는 안 된다. 방구석에서 제멋대로 결정해서는 안 된다. 그런 세상이 온다면 어떤 작가가 자신의 의견을 말할 수 있을까. 무서워서 단어 하나 쓰지 못할 것이다. 누가 용기 내어 자신의 문장을 쓸 수 있을까. 누가 자신의 삶을 고통 속으로 밀어 넣으려 할까. 자신이 본 세상을 언어의 형태로 빚어내는 것이 글쓰기라면 작가가 하는 일도 일종의 번역일 것이며 번역가 역시 창작을 하는 것이다. 그런 의미라면 세상 사람 모두가 작가이며 번역가 아니겠는가. 저마다의 언어로 세상을 해석할 수밖에 없더라도 자신의 언어로 세상을 단정해서는 안 될 것이다. 자신의 해석을 타인에게 전하는 데에는 신중할 필요가 있다. 자신의 정의조차 타인에 의해 새로이 번역될 테니까.

번역가들의 생각이 궁금해졌다. 한동안 번역가들의 책을 닥치는 대로 읽었다. 대다수의 번역가들이 원문을 살릴 방법을 고심하고 있었고 작가의 의도를 제대로 전달하기 위해 애쓰고 있었다. 그래, 작가와 번역가는 누구보다 서로를 이해하는 러닝메이트여야 하지 않을까. 번역가라는 직업을 위협하는 건 나날이 발전하는 번역 프로그램이나 인공 지능이 아니라 작가의 영역을 서슴없이 침범하는 오만이 아닐까. 작가보다 머리가 뛰어난 편집자는 얼마든지 있을 거다. 작가보다 잘 쓰는 번역가도 있을 거다. 하지만 서로의 영역을 침범하는 순간 작품 속의 세계는 무너지고 말 것이다. 만약 자신의 옳음을 증명하고 싶다면 자신의 글을 쓰면 된다. 이미 죽어 항의조차 못하는 작가의 문장을 꿰맬 것이 아니라 그의 작품에 대한 비평을 쓰면 되는 것이다. 그도 싫다면 주석에 설명을 곁들이거나. 그마저 싫다면 그의 작품을 번역하지 않으면 되지 않을까. '그때는 맞고 지금은 틀리다.'고 해서 그때를 고쳐 쓰려는 발상은 위험하다. 왕성하게 번역 활동을 하는 무라카미 하루키가 레이먼드 카버의 소설을 번역하면서 "글쎄. 이건 틀려먹었는데? 내가 좀 바꿔 써야지!" 그럴까? 소설가 김영하가 위대한 개츠비를 번역하면서 "나도 글밥 좀 먹었는데 이런 시대에 걸맞지 않은 문장은 고쳐 써야지!" 그랬을까? 자꾸 새어나오는 자신의 색을 지워가며 경애하는 작가의 글을 고스란히 옮길 방법을 고민하지 않았을까.

나는 그저 보통의 사람이다. 번역가라고 하면 '우와! 멋진 걸!!' 두 눈에 느낌표를 붙이고 선망의 눈으로 바라본다. 두 가지 이상의 언어를 다룬다는 건 마법 같은 일이다. 두 가지 언어를 이어내는 것은 예술의 영역에 속해 있다. 번역가가 감내하는 고독은 작가의 그것보다 가볍지 않다. 작가가 시간 여행자라면 번역가는 타임머신을 만드는 사람이다. 작가가 세계를 만들면 번역가는 이곳의 세계와 연결한다. 편집자가 문을 열면 독자들이 들어와 세계의 주인이 된다. 작가가 만든 세계를 마음대로 바꾼다면 무슨 일이 일어날까.

작가가 날마다 하얀 백지에 몸을 던지는 사람이라면 번역가는 새까맣게 채워진 문장에 빛을 비추는 사람이 아닐까. 적어도 빛이 보이지 않는다고 자신의 색을 덧붙이는 사람은 아닐 테지. 작가와 번역가가 서로를 이해하고 존중할 때 일어나는 불꽃은 독자에게도 전해질 거다. 번역가들이 아니었다면 나의 세계는 얼마나 협소했을까. 톨스토이도, 하루키도, 헤밍웨이도 없었을 테지. 그들의 문장을 접하지 못했다면 지금보다 훨씬 편협한 인간이 되었을 거다. 번역가들은 해외여행이라고 해봤자 부루마블이 전부인 나를 아이슬란드의 마을로, 미시시피 강으로, 가마쿠라의 거리로, 우주 저 너머의 세계로 데려가 주었다. 지금도 번역가들은 자신의 시간과 영혼을 갈아 넣고 있을 테지. 그들의 노고 덕분에 나의 세계는 넓어지고 일상은 풍요로워진다. 미미 여사의 책을 덮고 리 차일드의 소설을 펼친다. 하이쿠에서 영감을 얻어 쓴 미야베 미유키의 담백한 이야기에서 테스토스테론으로 인쇄한 것 같은 소설 속으로. 이규원 번역가와 정세윤 번역가 덕분에 나의 오늘은 이토록 호화롭다. 잠시 책을 덮고 창밖을 바라본다. 태풍이 온다더니 날이 흐리다. 이제 작가의 마음도, 독자의 마음도 조금은 알겠건만 번역가의 마음은 짐작조차 하지 못하겠다. 가만히 앉아 상상해 볼 따름이다. 어쩌면 삶이란 세상을 번역하는 일이 아닐까. 세상은 서로를 해석하려 애쓰는 안간힘에 의해 지탱되는 게 아닐까.

사람이 가야 할 길, 사람으로 남는 길

군 복무 시절 TV 연등을 시켜주면 다른 중대는 <여인천하>를 시청했지만 우리 내무반은 <상도>였다. 연등이 없는 날에는 불침번에게 망을 보게 하고 드라마를 시청했다. 『상도』를 책으로 읽은 건 최인호 작가가 세상을 떠난 해였다. 술술 읽히는 문장을 쓰는 게 얼마나 어려운 일인지 조금은 알게 되었을 무렵이었다. 그는 실제 역사 속 인물에 이야기를 가미하고 가공의 인물을 현실에 존재하는 사람처럼 만들었다. 그가 하고자 한 이야기는 임상옥이 위기를 극복하고 막대한 부를 쌓는 과정만은 아니었다. 상도는 어떤 것을 팔지 않을 것인가를 묻는 철학서였다.

매일 자신을 갈아 넣으며 살던 때였다. 어디에도 나를 위한 시간은 없었다. 12시간이고 14시간이고 일했다. 때로는 끼니를 거르고 밤까지 일했다. 주말도 명절도 없이 일했다. 피로에 찌들어 커피를 달고 살았다. 마음이 힘드니 다음 날 피곤할 걸 알면서도 또 술을 마셨다. 부지런히 살았지만 나를 잃어가는 기분이었다. 이렇게 살다가는 정말 미쳐버릴 것 같았다. 잠시라도 나를 위한 시간을 가지려 애썼다. 출근길을 산책으로 삼았다. 조금 일찍 일어나 새로운 노래를 플레이리스트에 담아 집을 나섰다. 길을 조금 돌아가며 날씨를 느끼고 계절을 보았다. 일 때문에 어디 갈 일이 있으면 차에서 책을 읽었다. 일을 마치고 돌아오면 비로소 나를 위한 일을 시작했다. 오랜만에 살아있는 느낌이었다.

내게 남은 시간을 생각해 봤다. 이것저것 빼고 나니 고작 한 줌이 남았다. 그마저도 확실한 것은 아니었다. 사고를 당하거나 병에 걸리면 어떻게 될지 알 수 없었다. 아무리 애써도 원하는 만큼 돈을 모을 수 없다면 시간만이라도 아낌없이 쓰고 싶었다. 모든 걸 내려놓기로 했다. 어제도 내일도 헛된 욕심도 내려놓았다. 약간의 가난을 감수하기로 했다. 남들만큼 살지 않기로 하니 나답게 살게 되었다. 포기가 아니라 선택이었다. 한 걸음 내딛으니 별거 아니었다. 두렵고 불안하지만 그건 전에도 마찬가지였다. 자전거 위에 앉아 우는 것보단 비싼 외제차 안에서 우는 게 낫다지만 이왕이면 웃으며 사는 게 낫다. 낡은 자전거를 타고 이곳저곳을 다니는 기쁨. 소박한 식사를 하더라도 일정에 쫓기지 않는 즐거움. 이게 내가 원했던 삶이었다. 고작 몇 년이지만 나로 살아볼 수 있어 다행이었다. 이렇게 계속 살아갈 수 있길 바랄 뿐이었다. 내일 삶이 끝난다 해도 나로 살아봤으니 그걸로 된 거라 여겼다. 자신 안에 공허가 자라날 때, 도저히 견딜 수 없다고 생각될 때, 그때가 나를 팔지 않기로 결정할 순간인지도 모른다.

작가의 삶을 준비하면서 『유림』을 읽었다. 상도가 무엇을 팔지 않을 것인가를 생각하게 했다면 유림은 무엇을 지킬 것인지에 대한 질문이었다. 유교에 편견이 있었다. 유생들을 나라를 망하게 한 원흉이라 생각했다. 허례허식에 찌든 서생들, 백성이 죽어가도 사리사욕을 채우는데 급급했던 탐관오리들의 학문이라 여겼다. 무언가를 안다고 확신하는 순간 그것을 진정으로 이해할 가능성은 사라진다. 유학은 한물간 사상이 아니라 사람이라면 한 번쯤 거닐어야 할 숲이었다. 유림은 너르고 깊었다. 숲에서 평생 살아가지는 못하더라도 가끔 들어가 청아한 기운을 들이마시는 일 정도는 할 수 있겠지. 공자가 천하를 떠돌며 펼치려던 뜻은 사람이 사람으로 사는 방법이었다. 작가는 이황과 이이, 조광조와 맹자의 삶을 재현해 사람이 살아가야 할 길을 보여주었다. 목을 자를지언정 머리카락은 자를 수 없다던 기개가 내게 필요한 정신이었다. 그들의 가르침으로 끊임없이 성찰할 수 있었다. 선비로서 지켜야 할 도리를 따르는 것이 사람으로 남는 길이었다. 내가 견지해야 할 삶의 자세였다.

공자는 왕은 왕다워야 하고 신하는 신하다워야 하고 아버지는 아버지다워야 하고 자식은 자식다워야 한다고 했으나 결국은 사람다움에 대한 이야기였다. 정치란 서로 편을 나누어 싸우는 것이 아니라 바로잡는 일이다. 정치는 자신으로부터 시작된다. 스스로 바로잡음으로써 자신을 다스리는 사람이 되는 일이다. 공자는 말로만 떠드는 사람이 아니었다. 뜻대로 되지 않아도 자신의 뜻을 굽히지 않는 실행가였다. 공자 사상의 핵심은 정명주의, 자신의 이름을 바로잡겠다는 삶의 태도다. 자신의 이름을 바로 세우려는 사람이 강한 사람이다. 기준점을 자신에게 두어야 진정 강한 사람이다. 자신으로부터 모든 것이 비롯하는 사람은 자존을 잃지 않는다. 맹자가 말한 인의도 거기에 있다. 인은 사람의 마음이고 의는 사람의 길이다. 맹자는 닭과 개가 집을 나가면 찾을 줄 알지만 마음을 놓아버리고서는 찾지 않는다고 슬퍼했으니 지난날이 그러하지 않았던가. 재물을 얻기 위해 나의 생명을 내어주며 살았으니 텅 빈 기분이 드는 것은 당연한 일이었다. 그 놓아버린 마음을 찾는 것이 남은 시간 동안 해야 할 일이겠지.

철학의 사춘기

철학을 읽게 된 계기는 사실 귀신이 무서워서였다. 우리 집 뒤편에는 폐가가 있었다. 밤마다 동네 고양이들이 모여 울었다. 재래식 화장실에 쪼그려 앉으면 구멍에서 손이 뻗어 나올 것 같았다. 뒤쪽에 사람 머리만한 환기구가 뚫려 있었는데 무언가 나를 노려보고 있을 것 같았다. 바람이 구멍을 통과하는 소리가 귀신 울음 같았다. 골목을 빠져나가는 길의 가시덤불도 무서웠다. 학교를 마치고 오는 길에 당산나무에서 소복을 입은 귀신이 뛰쳐나올 것 같았다. 귀신이 무서워서 사후세계를 다룬 책이나 영적 체험에 관한 책을 읽었다. 아무리 봐도 주장일 뿐 속 시원한 답을 주지는 못했다. 귀신은 있는가? 사람은 죽으면 어떻게 되는가? 영혼은 존재하는가? 사람은 어디로 가는가? 나는 누구인가? 질문은 꼬리에 꼬리를 물었다. 자신에 대해 생각하고 세상을 향해 좌충우돌해야만 하는 시기, 사춘기였다. 나를 사랑하기 위해(philo), 나를 알기 위해(sophia), 철학(philosophy)을 읽었다. 어둠이 나를 두렵게 했으나 어둠이 나를 빛으로 이끌었다. 까까머리 중학생이 이해하기에는 버거웠으나 일단 읽어낼 수는 있었다. 그들의 말을 옮겨 적고 사유의 흐름을 따라가려 애썼다. 아리스토텔레스는 자연의 모든 것에 목적이 있다고 했으나 나는 학습 목표조차 따라가지 못하는 학생이었다. 데카르트는 나는 생각하며, 고로 존재한다고 했지만 나는 생각을 멈추지도 못했다. 하이데거가 말한 현존재와 현재를 구별하지 못했다. 만물은 유전하고 머물지 않는다고, 우리는 똑같은 강물에 몸을 담글 수 없다는 헤라클레이토스의 말은 서글픔만 더했다.

노자를 읽고 장자의 꿈을 꾸었다. 장자는 세상을 노니는 사람이었다. 그처럼 자연을 어슬렁어슬렁 노닐 수 있다면 얼마나 근사할까. 그렇게 살다 천지를 관으로 삼고, 해와 달을 한 쌍의 구슬로 삼고 별들을 장식으로 달고, 만물을 부장품으로 삼고 죽을 수 있다면 얼마나 멋질까. 비우는 자가 되고 싶었건만 그저 비웃기만 하는 사람이 되고 말았다. 삶을 가볍게 여기는 것과 노닐 듯 사는 것은 전혀 다른 일인데 말이다. 에피쿠로스의 책을 몇 번이고 읽었지만 어떤 정신적, 육체적 고통으로부터의 해방에도 이르지 못했다. 에피쿠로스는 빵과 물과 있다면 신도 부럽지 않았다는데 가지지 못한 것에 대한 욕망으로 지금을 망쳤다. 지금 가진 것이 한때 간절히 꿈꾸던 것이었음을 쉽게 잊었다. 삶은 물거품처럼 허무하고 마음은 아지랑이처럼 실체가 없었다. 친구들을 통해 알게 된 스님에게 찾아가 선문답을 했지만 무엇을 물어야 하는지 몰랐기에 답을 얻을 수 없었다. 화엄경을 읽고 법구경을 읽었지만 뜻을 헤아리지 못했다. 소리에 놀라지 않는 사자도, 그물에 걸리지 않는 바람도, 흙탕물에 더럽혀지지 않는 연꽃도 될 수 없었다. 철학은 나를 어딘가로 데려다주진 못했다. 철학의 정수를 이해하기엔 어린 나이였고 그곳은 말이 아닌 세월의 흐름만이 이끌고 갈 수 있는 장소였으니까.

열반의 경지를 완벽하게 설명하는 말이 없는 이유는 그곳에는 말이 필요하지 않기 때문이었다. 나는 국의 맛을 볼 수 없는 국자 같았지만 향을 쌌던 종이에서 향내가 나듯이 지혜로운 말은 몸으로 스며들었다. 적어도 나의 어리석음은 깨닫게 되었다. 세계를 확장하려는 나의 몸짓은 날갯짓이 되지 못했지만 영혼의 근육은 키워주었다. 철학은 씨앗이 되었다. 꽃을 피우진 못했지만 땅은 비옥해졌다. 존재를 이해하려는 노력은 무언가를 사랑하려는 욕구로 성장했다. 철학과 멀어진 삶을 살았지만 그렇다고 삶에 철학이 깃들지 않은 것은 아니었다. 삶의 모든 곳에 철학이 있었고 모든 길에 지혜가 있었다. 고요 속에도 빛나는 문장이 있었고 행동으로만 불러지는 노래가 있었다. 각자의 진실이 모여 진리의 바다를 이룬다. 어쩔 수 없이 도(道)라고 해보지만 도(道)는 설명할 수도 없고 도(道)라고 이름을 붙일 수 없다는 노자의 말과, 언어는 낱말이 아니라 의미를 다루며, 언어가 모든 종류의 의미를 표현할 수 없다는 비트겐슈타인의 문장은 같은 곳으로 흐른다.

위대한 무언가를 찾아 헤매다 제자리로 돌아오는 동안 어둠을 밝힐 빛이 내 안에도 있음을 깨달았다. 이제 침묵으로 마음을 다스리고 행동으로 마음을 쉬게 하는 법을 안다. 대화가 삶의 기쁨이라면 고요는 기쁨을 담는 그릇이었다. 누구에게도 의지할 수 없을 때 기댈 수 있는 건 습관의 힘이었다. 배려가 없다면 아무것도 주지 않은 것이고 감사가 없다면 아무것도 받지 못할 것임을 안다. 이제는 오늘 먹을 음식과 내일 읽을 책으로 만족할 줄 안다. 그저 존재하기만 해도 충만해지는 이치를 안다. 마침내 제자리를 찾았다. 나는 누구인가. 살아있는 자다. 지금을 비추는 빛도 이곳을 푸르게 물들이는 힘도 내게서 비롯한다. 나의 몸짓이 현상이 될 것이다. 지금까지의 경험이 나를 이루고, 지금 나의 선택이 지금부터의 나를 결정할 것이다. 내가 보고 듣고 먹고 냄새 맡고 만지고 사랑하고 사랑받은 모든 풍경이 나를 이룬다. 지금 내가 사랑한 것이 삶이 될 것이다. 한 번 살아볼 기회를 얻었다는 사실만으로도 근사하다. 한 번의 삶에 살아볼 수 있는 세상이 이토록 많다는 것이 황홀하다. 라이프니츠는 현존하는 세계는 가능한 세계 중 가장 좋은 세계라고 했다. 내가 선택할 수 있었던 삶 중 가장 근사한 삶을 살고 있다. 철학은 자신의 삶을 사랑할 정도의 지혜로 충분하다. 나는 하루살이다. 나는 한해살이 풀꽃이다. 몸에 병 없기를 바라지 않고, 세상살이에 곤란함이 없기를 원하지 않고, 일을 꾀하되 쉽게 되기를 바라지 않는다. 말하는 대로 될 거라 믿지 않는다. 오로지 마음먹은 대로 살아낼 나를 믿는다. 살며 낡아가는 대신 날마다 다른 하루를 맞이할 것이다. 생이 고해라도 상관없다. 적어도 길을 잃지는 않을 테니까. 바다에서는 어디로 가도 길이 될 테니까.

격투하는 자에게 동그라미를

　바늘구멍을 통과하려는 세대의 절실함은 애달프고 가시방석에 앉은 세대의 안간힘은 구슬프다. 드넓은 세상에 자기 자리 하나 마련하는 게 이리도 어려울 일일까. 우리의 삶은 전쟁이어야만 할까. 세상의 중심으로 들어가기 위해 싸워야만 하는 걸까. 우리가 선택할 수 있는 삶은 불안거나 불만이거나 둘 중 하나뿐일까. 꼭 그렇지만은 않을 것이다. 사전을 만들기 위해 생을 거는 사람들도, 친아들을 대신해 노모의 문병을 가는 심부름집 청년도, 애기장대풀에 빠져 사는 식물학 전공자도, 하코네 역전 마라톤에 도전하는 청춘들도 모두 옳다. 시대에 뒤처진 일도 없고 타인의 인정을 받아야 하는 직업도 없다. 하찮은 일도 위대한 일도 없다. 누구나 자신의 시절을 살아갈 뿐이다. 시간을 바칠 무언가를 갖고 있다는 것만으로도 근사한 일이 아닐까. 패기가 없으면 어떻고, 기개가 없으면 어떤가. 괴상한 인간들을 참아가며 일해야만 사회

생활이라면 이상하지 않은가. 먹고 사는 건 시급하고, 처절하고, 거룩한 일이지만 좋아하는 일을 직업으로 삼아도 괜찮지 않을까. 돈을 버는 것만이 목적이라면 마약상이나 살인청부업자, 사기꾼, 사채업자가 되어도 괜찮았겠지.

 살림살이가 늘면 집이 좁아진다. 가질 물건이 많아지면 나로 살 시간이 줄어든다. 돈을 벌어야 살 수 있지만 돈을 벌기 위해서만 살 필요는 없다. 백범 선생은 말씀하셨다. 돈에 맞춰 일하면 직업이고 돈을 넘어 일하면 소명이라고, 직업으로 일하면 월급을 받지만 소명으로 일하면 삶은 선물이 된다고. 출구가 하나뿐이라고 생각하면 삶은 미로가 된다. 길은 정해져 있지 않다. 선택하는 순간 길이 되는 것이다. 문은 어디에든 있다. 어떤 길을 선택하건 만만치 않은 것이 삶이라면 이왕이면 자신이 선택한 길 위에서 흔들리는 편이 낫지 않을까. 저마다 자신만의 달리기를 하는 거니까. 이기지 않아도 괜찮다. 1등이 아니라도 괜찮다. 조금씩 앞으로 나아가는 매 순간이 승리다. 아무리 바람이 강하게 불어도 즐겁게 달릴 수 있다면 괜찮지 않을까. 삶 이후에 아무것도 없다면 더더욱 지금의 시간을 무언가를 이루기 위해 '낭비'해서는 안 되겠지. 100년 후에 팔릴 나무를 기르며 살기에 느긋한 가무사리 숲의 사람들처럼 살아도 괜찮겠지. 편집자가 되고 싶어서 출판사 면접을 봤지만 모조리 떨어지고, 오히려 글쓰기 재능을 발견해 작가의 길을 걷게 된 미우라 시온처럼. 어디로 가게 될지 모르는 게 인생 아니겠는가. 왜 무언가가 되어야 하나. 꼭 무언가를 이루어야 할까. 자기 자신이 되면 되는데, 무엇을 하건 인생이 될 텐데. 어디로 가건 삶의 한가운데에 있을 텐데.

선택을 거듭하는 것이 삶이지만 어떤 삶을 선택해도 그 길은 옳다. 결정하는 순간 선택은 유일한 옳음이 된다. 누군가에게 자신을 증명하지 않아도 괜찮다. 자신으로 살아낸 순간이면 충분하니까. 과연 몇 번의 숨결이 남았을까. 마주할 계절은 몇 번이나 남았을까. 숨결을 꿈결처럼 느끼고 매일 새로운 계절을 살아야 한다. 심장이 뛰는 동안 가슴 두근거릴 일을 해야지. 조급함은 넘어지게 만들고 두려움은 망설이게 만든다. 그저 걷기만 해도 나아갈 수 있음을 잊지 않기로 하자. 생각한 대로 이루어지는 행운보다 마음먹은 대로 움직이는 행복을 갈망하는 사람이기를 바란다. 밥값 하는 사람보다 밥의 가치를 아는 사람이어야 한다. 물건의 값을 따지는 사람보다 존재의 가치를 아는 사람이어야 한다. 정의를 논하기보다 선의를 베푸는 사람이어야 한다. 쓸모를 따지기보다 의미를 헤아리는 사람이어야 한다. 모든 일은 아직 살아있기에 겪는 것이다. 삶의 파도를 이루는 물결일 뿐이다. 파도가 쓸모를 위해 밀려들던가. 새가 의미를 구하기 위해 날갯짓하던가. 타인을 밀어내면서까지 이뤄야 할 일은 없다. 자신을 미루면서까지 해내야 할 일도 없다.

삶은 지도에 없는 길을 만드는 일이다. 누구나 세상에 없던 오늘을 산다. '나아나아' 한가로이 나아가도 된다. 자신의 길을 걸어가면 된다. 느긋하고 평온한 일상이 과연 동화 속에만 존재하는 일일까? 가무사리 숲에서만 가능한 삶의 방식일까?

『격투하는 자에게 동그라미를』 미우라 시온, 들녘 2007
『가무사리 숲의 느긋한 나날들』 미우라 시온, RHK 2012

자기 계발서의 함정

온갖 잘난 척은 다하지만 결론은 '나만 잘 살면 돼' 아닌가. 자기 계발서의 요지는 나만 잘되면 된다는 것이다. 뒤집으면 나만 아니면 된다는 말이다. 뭐 그게 잘못되었다고 여기지는 않는다. 하지만 자신이 말하는 데로 따라오지 않으면 낙오자라도 될 것처럼 말하는 책이 지나치게 많다. 너도 나도 맹목적으로 계발을 하다 보니 세상이 이렇게까지 살기 힘든 곳이 된 것은 아닐까. 자연을 무조건 개발해야 할 대상으로 보는 것이 문제가 되듯 자신을 반드시 계발해야 한다고 여기는 강박도 문제가 아닐까. 조금이라도 더 갖기 위해 싸우는 것, 타인보다 우위에 서는 것, 부자가 되고 능력을 인정받는 것이 삶의 본질적 목표가 될 수 있을까. 당신도 할 수 있다는 문구에 현혹되어 채찍질해야만 하는 걸까. 가진 것으로도 충분히 살아갈 수 있다. 바꾸지 않아도 괜찮다. 그들의 옳음은 그들의 것이다.

자기 계발서의 논거는 그의 세상에서만 통용되는 화폐에 불과하다. 자기 계발이 나쁘다는 말이 아니다. 그것 역시 인생의 길이지만 이것만이 길이라는 식으로 구는 몇몇 자기 계발서의 말투가 마음에 들지 않을 뿐이다. 성공한 사람들이 노력하지 않은 것은 아니지만 노력만으로 모든 걸 얻은 것도 아니다. 모두가 노력한 만큼 성공하는 시스템은 자본주의에서 존재할 수 없다. 그들에게 권위를 준 것은 대중들이다. 그들 모두가 타당한 인과에 따라 성공하지 않았다. 얼마나 많은 천재들이 성공하지 못한 채 생을 끝냈는가. 뼈를 깎는 노력에도 성공하지 못한 사람은 또 얼마나 많은가. 투자로 인생을 말아먹은 사람들의 이야기는 얼마나 흔한가. 성공하면 과감함이고 실패하면 무모함이 된다. "내가 얼마나 낮은 자리에서 올라왔는지 알아?" "자, 내가 무수한 역경들을 어떻게 헤쳐 왔는지 봐." "이렇게 높은 자리에 있으니 내 말이 맞지 않겠어?" 그들의 무용담을 듣기 전에 생각해야 한다. 성공을 위해 자신을 뜯어고치기 전에 물어야 한다. 그곳으로 가고 싶은지. 진정으로 원하는지. 어떤 삶을 성공이라 느끼는지.

사는 게 꼭 싸움이 되어야 하는 걸까. 타인과 겨루고 나와 싸워 이겨야 멋진 삶인 걸까. 이기지 못하면 낭비가 되어 버리는 걸까. 그게 맞는 걸까. 왜 자랑스러운 사람이 되어야 하는 걸까. 모두에게 자랑스러운 사람이 존재하기는 하는 걸까, 자랑스러운 사람이 되면 나를 사랑할 수 있을까? 그런 사람은 없다. 그런 인생도 없다. 가장 핫한 연예인도 안티가 있는데. 예수님도 십자가에 못 박혔는데. 공자도 뜻을 펼치지 못하고 평생 헤맸는데. 나를 자랑스럽게 여기기 위해 필요한 건 그저 지금까지 살아온 길을 인정하는 것뿐이다. 물론 부끄러운 일도 있었고 지우고 싶은 기억도 있다. 때로는 그건 내가 아니라 변명하고 싶은 순간도 있었다. 그래도 그건 나였다. 마음에 들진 않지만 내가 걸어온 길이다. 바꿀 수도 없고 부정할 수도 없다. 그러니 받아들이기로 했다. 그 순간, 바꿀 수 없는 기억은 훼손될 수 없는 무언가가 되었다. 부정할 수 없는 순간은 사라지지 않는 무언가가 되었다. 그랬다. 나는 누군가에게 자랑스러운 사람이 될 필요가 없었다. 나는 누군가에게 인정받는 사람이 될 필요가 없었다. 그냥 나면 되는 거였다. 앞으로도 실수하고 흐트러지고 무너지고 망가지면서 나아가겠지. 뭐 어때서. 그게 나의 이야기인데.

　　사람은 기계가 아니니까. 몰개성하게 공장에서 대량으로 찍어낸 제품이 아니니까. 숲이 씨앗을 가려 받던가. 바다가 강물을 밀어내던가. 이토록 다양한 사람이 모여 세상이 되고 그토록 많은 순간이 모여 인생이 된다. 사람의 생은 숲이고 바다다. 아킬레스건이 가장 큰 힘을 내듯, 약점이라 생각한 것이 삶을 이끄는 동력이 될 거다. 꼭 숨겨진 의미가 있어야 할까. 태양 아래 떳떳하게 서 있는 것만으로 뜻깊은 일이 아닐까. 생의 의미를 찾는 동안 사는 재미는 꼭꼭 숨어 버린다. 꼭 대단한 성취를 이루어야 하는 걸까. 지금에 이른 것만으로도 특별한 일이 아닐까. 걱정하지 않아도 된다. 지금 이해하지 못해도 언젠가 납득하게 되니까. 누구에게나 적용되는 답은 없으나 저마다의 해답은 있으니까.

　　하루 2시간 이상의 독서, 주 5회 이상의 운동 따위의 것들, 성공하는 사람들의 습관 대부분을 몇 년째 실천하고 있다. 그렇다고 성공했는가? 그렇지 않다. 생활비는 몇분의 일로 줄었다. 수입은 수십분의 일로 줄었다. 그렇다고 스스로 실패자라 여기는가 하면 그건 아니다. 지금 이대로 살아도 괜찮다고 확신한다. 더 나은 사람이 되진 못했지만 온전한 자신으로 산다. 한 번 훼손된 자연을 복구하기란 여간 어려운 일이 아니다. 한 번뿐인 삶을 훼손하면서까지 이루어야 할 무언가가 과연 존재하는가. 한 번 잃어버린 건 되찾을 수 없다. 길을 살피느라 지금 서 있는 풍경을 놓치지 않아야 한다. 이루지 못하면 어때서, 어차피 끝날 인생 태어난 김에 사는 거라 생각하면 어떨까. 그런 마음으로 살면 삶의 질을 높이기 위해 생의 가치를 포기하지 않게 되겠지. 살아있음 자체를 목적으로 한 사람은 길을 잃지 않는다. 더듬거리며 삶을 배운다. 이제 막 생이 시작된 것처럼

오늘도 편의점을 털었습니다

일러스트가 마음에 들었다. 파란 배경 아래 편의점을 상징하는 이미지들을 모아 놀이공원처럼 묘사한 표지가 싱그럽다. 편의점 덕후의 가볍고 유쾌한 편의점 레시피라. 편의점에 관한 책이라면 무라타 사야카가 쓴 소설 『편의점 인간』이나 편의점 점장 봉달호 씨가 쓴 에세이 『매일 갑니다, 편의점』, 안전가옥에서 출간한 소설 앤솔로지 『편의점』도 읽어 보았지만 이 책은 뭐랄까. 계속 딴 생각을 하게 해주는 책이었다. 그때의 편의점으로 들어가 그 시절의 나를 마주하게 만든다. 저자와 닮은 삶을 살았다. 오랫동안 편의점 인간으로 살았다. 출근길에 담배와 숙취해소 음료를 사고 늦은 밤에 일을 마치고 집으로 돌아가면서 편의점 도시락과 술을 사는 매일의 반복이었다. 집에서 라면 하나 끓여 먹지 않았다. 냉장고는 텅텅 비어있었고 가스레인지를 켜본 적도 없었다. 한 달에 백만원이 넘는 돈을 편의점에 갖다 바쳤다. 편의점 비닐봉지는 허망할 만큼 가벼웠다. 봉지 안에는 일상의 무게가 없었다. 하루 치의 피로와 우울을 잊기 위해 술을 마셔야 겨우 잠들 수 있었다. 그때 편의점에서 사다 먹은 것은 연료였다. 일하기 위해 허겁지겁 배를 채우고 의미 없이 흘려보낸 하루를 잊기 위해 술을 마셨다. 1+1 행사 상품을 들고 일터와 집을 오가는 동안 생활은 존재하지 않았다. 퇴근길마다 편의점 불빛에 이끌려 날아들었다. 매일이 견디듯 사는 나날이었다. 제대로 된 부품으로 기능하기 위해 연료를 채웠다. 인간으로서의 본성을 억누르는 만큼 마음에 독이 차올랐다. 달고 맵고 짠 음식에 술을 그렇게 마셔대는데 건강에 이상이 생기지 않을 리 없었다. 체중은 구십 킬로그램이 넘었고 피부는 거칠어졌다. 자주 헛구역질이 나고 머리가 어지러웠다. 이러다 죽겠다 싶었다. 이대로 죽는 것도 괜찮지 않을까 생각하기도 했지만 역시 이런 꼴로 죽고 싶진 않았다. 편의점에서 도망쳐야 했다.

편의점을 끊고 운동을 시작했다. 자전거를 타고 시장에 갔다. 시장에는 생활의 풍경이 있었고 살아있는 사람들의 표정이 있었다. 시장에서 산 채소나 과일은 무거웠다. 살아있는 것의 무게에는 생활을 고정시키는 힘이 있었다. 쌀을 사서 밥을 짓고 나를 위해 음식을 만드는 과정. 별거 아닌 요리라도 과정의 틈새마다 생활이 깃들었다. 편의점을 멀리하니 삶이 다가왔다. 편의점을 꾸려 생계를 유지하는 부모가, 편의점에서 밤잠을 쫓아가며 학비를 버는 젊은이가 있음을 안다. 퇴근길 수입 맥주 네 캔에 하루의 피로를 달래는 노동자가 있음을 안다. 어쩌면 작가의 말처럼 편의점은 '오아시스'인지도 모른다. 하지만 오아시스는 사막에만 있다. 24시간 불을 밝히려면 누군가 자신의 밤을 포기해야만 한다. 365일 문을 열기 위해 누군가 자신의 생활을 희생해야만 한다. 연중무휴로 살아온 나의 삶도 편의점과 다르지 않았다. 편의점 도시락을 데워 먹으며 나를 위해 요리하는 법을 잊었다. 대충 끼니를 때우다 보니 먹는 즐거움을 잃었다. 편리함에 중독되어 나를 놓아버렸다. 어쩌면 오아시스 때문에 사막을 벗어나지 못했던 건지도 모른다. 편의점에서 도망쳐야 했다. 그곳에서 멀어져야만 할 사정이 내게는 있었다. 편의점에는 온갖 물건을 팔지만 나를 위한 기쁨은 없었다. 편의점으로부터 멀어지면서 잊고 살았던 생의 과정을 되찾았다. 편의점 얼음 컵을 사는 대신 직접 얼음을 얼리고 헛개수를 사는 대신 보리차를 끓였다. 간편 도시락이나 컵라면으로 끼니를 때우는 대신 자전거를 타고 가 사람들과 부대끼며 재료를 샀다. 재료를 씻고 자르고 불리고 끓여서 나에게 온전한 한 끼를 허락하는 일, 그것이 새로운 삶의 시작이었다. 편의점이 없으면 못 살 것 같았지만 일단 벗어나니 별거 아니었다. 사막 너머에는 또 다른 세상이 있었다. 매일 편의점을 가던 몇 년은 차마 '살아있었다'고 말하기 부끄러울 정도지만 과자와 컵라면, 냉동식품과 빵을 사 먹으면서 어떻게든 살아남았다. 그때 역시 인생이었음을 부정하지 않는다. 그때는 복권 한 장이라도 있어야 했다. 주말에 찢어버릴 꿈일지라도 필요했다. 술 한 병을 사기 위해서라도 바깥으로 나가야 했다. 그래도 살고 싶었다. 그래, 그딴 이유로도 살아내야 했다. 그런 핑계로 살아내야 할 때가 있다. 삶이 하찮기 때문이 아니다. 그런 사소한 이유로도 이어질 만큼 강한 것이 생명인 까닭이었다. 그렇게라도 계속할 만큼 소중한 것이 인생이기 때문이었다.

『오늘도 편의점을 털었습니다』 채다인, 지콜론북 2021

익명의 시대, 필명의 세계, 불멸의 작품

　익명, 이름을 숨긴다는 뜻이다. 나쁜 것만은 아니지만 익명에 숨어 하는 말이 모두 정의로울 수는 없다. 익명으로만 말할 수 있다면 사회가 병들었거나 사람이 병들었거나 둘 중 하나가 아닐까. 어둠 속에 숨어, 드러나 있는 것을 공격하기란 너무나 쉽다. 익명은 개인을 보호하는 수단이지 타인을 공격할 도구가 아니다. 가면을 쓰고 보호받을 권리는 있어도 타인을 파괴할 자격은 없다. 유명세에 취한 사람이 추락하기 쉬운 것처럼 익명성에 취한 사람은 추악해지기 쉽다. 사람 면전에 대고 하지 않을 말이 있듯이 얼굴을 가리고 쓰면 안 될 글도 있다. 술에 취해 자신을 놓아버리는 것만큼 익명에 취해 자신을 잃어버리는 것도 위험하다. 글은 정제된 말이어야 한다. 익명은 자유를 위한 방편이지 자유 자체가 될 수 없다. 익(匿)은 사악할 특이라 쓰이기도 한다. 이름을 숨기면 사람은 얼마든지 사악해질 수 있다. 익명의 글이 온라인에 올라오고 논란이 되는 경우가 많다. 죄를 지었다면 처벌받아 마땅하다. 문제는 익명의 증언은 있되 증명은 아무도 하지 않는다는 사실이다. 익명의 누군가가 확인되지 않은 글을 올린다. 글은 옮겨지며 기정사실이 되고 곧바로 마녀사냥이 시작된다. 지목된 당사자의 가족은 물론 지인까지 신상이 공개되고 온갖 욕설이 난무한다. 누군가의 인생이 망가졌지만 아무도 책임지지 않는다. 사실 확인이 되지 않은 '이야기'로 한 인간의 생을 뿌리째 흔드는 일은 정당할까. 주로 유명인들이 타깃이지만 그들만의 문제는 아니다. 누구나 희생양이 될 수 있다. 동네에서 가게를 하던 사장이 카페 회원의 허위정보 때문에 문을 닫는다. 아무 죄도 없는 선생님이 무고로 목숨을 끊는다. 이것이 정의일까. 익명의 글이 한 사람을 제멋대로 심판대에 올렸다면, 그의 생에 사형선고를 내린 것은 사실 확인도 하지 않고서 부지런히 퍼 나른 사람들이 아닐까.

○○○ 장인 표 맛김, ○○○네 칼국수처럼 자신의 이름을 건다는 건 숨지 않겠다는 선언이다. 글쓰기를 시작할 때

나의 다짐 역시 그러했다. 물론 타인에게 강요할 생각은 모기 발톱만큼도 없다. 『뻐꾸기의 외침』을 쓴 로버트 갤브레이스가 사실은 해리 포터 시리즈의 조앤 롤링이었다는 기사를 읽었다. 마크 트웨인, 조지 오웰, 루이스 캐럴, 오 헨리, 이상, 이육사, 박경리, 신경림, 이문열, 황석영, 다자이 오사무, 에도가와 란포 모두 가명이지만 그들이 지니고 있던 진실의 빛은 사위지 않았다. 어쩌면 필명을 사용했기에 문학사에 찬란한 발자취를 남길 수 있었을지도 모른다. 익명으로 발표해야 할 작품도 있을 테니까. 가면을 써야만 말할 수 있는 진실도 있을 테니까. 어쩌면 작가로서의 새로운 자신을 구축하는 도구일 수도 있다. 무협 소설에 빠져 지낸 시절 『혈기린외전』의 작가 이름이 장재훈이었다면, 『군림천하』의 작가 이름이 최승용이었다면 몰입할 수 있었을까. 좌백과 용대운이라는 멋들어진 필명 덕분에 매번 손쉽게 무림의 세계로 돌아갈 수 있었다. 비단 무협 소설에만 해당되는 일일까. 안재찬이라는 이름으로 활동했다면 류시화씨가 이만큼 성공을 거둘 수 있었을까. 박해받는 노동자들의 해방에서 앞 글자를 따 이름 삼은 박기평 씨는 또 어떤가. 히라이 타로가 에드거 앨런 포를 존경하여 에도가와 란포라는 필명을 쓰지 않았다면 일본 미스터리 소설 시장이 이 정도까지 커질 수 있었을까.

19세기 영국 작가 매리 앤 에반스는 여성 작가라는 선입견을 피하기 위해 조지 엘리엇이라는 필명을 썼고, 추리 소설의 여왕 아가사 크리스티는 로맨스 소설에 도전하기 위해 메리 웨스트매콧이라는 필명을 썼다. 프랑스의 소설가 로맹 가리는 한물갔다는 세간의 평에 맞서 싸우기 위해 에밀 아자르라는 필명으로 작품을 발표했다. 로맹 가리를 외면하던 독자들은 에밀 아자르라는 천재 신인 작가에 열광했지만 로맹 가리 사후 동일인이었음이 밝혀진다. 『메리 수를 죽이고』란 소설집은 여러 작가들이 협업한 작품처럼 보이지만 사실 소설가 오츠이치가 혼자서 쓴 책이다. 아마 그는 자신이 지닌 '여러 개의 나'가 각자의 방식으로 이야기를 풀어내는 모습을 지켜보고 싶었을 거다. 평범한 사람도 여러 개의 역할을 감당하며 산다. 자식으로서의 나, 부모로서의 나, 동료로서의 나, 사회인으로서의 나. 필명은 작가가 자신의 세계를 확장하기 위한 수단이 될 수 있다. 차마 이름을 밝히고 쓸 수 없는 이야기들이 있을 거다. 금지된 욕망이건 사회 고발이건 모든 이야기는 쓰여야만 할 당위성을 갖고 있다. 그냥 예쁜 이름을 갖고 싶은 이유면 어때서. 재밌는 소설만 써 주면 된다. 동명이인이 있다는 이유로 필명을 지으면 어때서. 진실한 시만 써 주면 된다. 존경하는 사람의 이름을 따면 어때서, 진심으로 써 주기만 하면 된다. 소설 『고발』의 작가는 현재 북한에 거주하는 사람이다. 반딧불이에서 따왔을 필명은 세습 독재 사회에 대한 저항의 의미를 담았을 거다. 만약 자신의 본명으로 소설을 썼다면 그는 어떤 결말을 맞게 되었을까. 필명이라는 도구가 없었다면 북한의 실태를 알리는 소설이 출간될 수 있었을까. 그에게 필명이라는 도구가 없었다면 진실을 밝힐 수 있었을까. 그래, 필명이면 어때서 진실한 작품은 불멸하는데.

푸른 이빨에 잠시 입마개를

니콜라스 카의 『유리 감옥』을 읽고 나니 어디선가 "내리실 문은 없습니다." 섬뜩한 목소리가 들리는 것 같다. 출간된 지 몇 년 되지 않은 책이건만 지난 시대의 유물처럼 느껴진다. 어제의 세계와 오늘의 세계가 달라서 가끔은 '미래학'이라는 단어조차 클래식한 느낌이 든다. 지나칠 정도로 빠르게 발전하는 과학 기술에 관한 기사를 읽을 때마다 의문이 든다. '정말 이 정도 기술까지 필요한 걸까?' '정말 이렇게까지 빨리 가야 하는 걸까?' '과연 과학 기술이 장밋빛 미래를 보장할까?' 운전면허증이 없어 자전거를 타고 가서 장을 본다. 여태껏 체크카드 한 장 없이 살았다. 종이책이 아니면 이야기에 몰입하지 못하는 아날로그 인간이다.

뒤죽박죽 이미지들이 머릿속에서 휘몰아친다. 비트코인이 없으면 메타버스의 문은 열리지 않는다. 네버랜드로 떠나지 못한 사람들은 버려진 도시를 지킨다. VR에 시신경을 연결한 트렌드세터들은 눈앞의 꽃을 보지 못한다. 알고리즘 괴물은 갈고리로 아이들을 납치하고 키오스크는 노인을 죽인다. 블루투스에 물린 사람들의 비명소리가 울려 퍼진다.

지구의 역사가 1년이라면 현대 문명은 고작 2초라던가. 나이 들수록 세월의 흐름이 빨라지는데 과학 기술의 진화까지 더해지니 눈 깜짝할 사이에 너무 많은 것이 지나가 현기증이 난다. 기술이 지나치게 앞서나가니 법과 윤리가 따라가지 못한다. 기술 발전이 정말 인간을 해방시켜 줄까? 오히려 소외받는 기분이 드는 건 나뿐일까. 그래도 노예가 되고 싶지는 않은데. 기술이 만병통치약이 아니란 걸 깨달았지만 이미 중독된 상태라면 어떻게 해야 할까. 기술 발전에 반대하지는 않지만 사람들끼리 대화를 나누면서 길을 정하면 좋을 텐데. 이런 생각을 하는 것도 정말 나쁠까. 자신이 쓰는 기기들을 이해하는 사람은 몇이나 될까. 자동차가 고장 나면 정비소에 가고 전자제품이 고장 나면 새로 산다. 단지 신상품이라는 이유로 휴대폰을 바꾸고 컴퓨터를 업그레이드하지만 구동하는 방식은 알지 못한다. 어쩌면 세상도 고장 난 상태인데 인지조차 못하는 건 아닐까. 삼십 년 전 집 전화번호는 기억나는데 이제 가족들의 전화번호조차 외우지 못한다. 이십 년 전 군번은 물론 총기번호까지 기억하는데 이제는 버스 노선조차 외우지 못한다. 기계가 알아서 해주니까. 몇 걸음을 걸었는지, 몇 칼로리를 먹어야 하는지, 물 마실 때는 언제인지 친절히 가르쳐준다. 언젠가 사람이 살아가야 할 삶의 형태까지 계산해 주는 기계가 등장할지도 모른다. 허황된 이야기 같지만 유전자 기술과 통계 예측 시스템 따위를 적당히 버무리면 불가능한 일은 아닐 것 같다.

『2001 스페이스 오디세이』에서 HAL 9000이 데이비드 보먼을 우주로 던지려 했듯이 기계가 인간을 이물질로 규정했을 때 인간은 그에 대항할 수 있을까? 터미네이터의 세상이 오지 않을 거라고, 매트릭스는 영화일 뿐이라고 확신할 근거는 어디에 있을까. 미드 <퍼슨 오브 인터레스트>의 '머신'처럼 전자 장치를 통제하고 휴대폰을 비롯한 모든 카메라에 접속하는 인공지능이 인간을 말살하려 든다면 막을 수 있을까? 바람을 읽는 이가 사라졌다. 파도를 읽는 이가 사라졌다. 사람들은 서로의 얼굴을 보지 않고 대화하며 젊은이들은 폰 포비아에 걸렸다. 인류 중 극소수의 사람들만이 대기권 바깥으로 나갔을 뿐이고 달을 밟은 사람은 손에 꼽을 정도지만 지금도 수천 개의 인공위성이 지구 주위를 돌고 있다. 나는 그들을 볼 수 없지만 그들은 내 땀구멍까지 볼 수 있다. 리처드 도킨스의 『만들어진 신』이 또 다른 뜻으로 읽힌다. 우주 탐사선들은 지금도 인류가 가보지 못한 저 너머로 나아가고 있겠지. 우주 관광 시대가 열린다 해도 기계는 인류보다 먼 곳에 있겠지. 나의 밤하늘을 인공위성으로 뒤덮는 일에 찬성한 적이 없다. 앞으로도 동의 따위 받지 않을 테지. 오래전 신해철이 "누구를 위한 발전인지" 물었지만 아무도 대답하지 않았다. 오래된 것이 옳지만은 않듯이 새롭다고 좋은 것만은 아닐 텐데 왜 오래된 것들에게 하는 만큼 낯선 것들에는 질문을 던지지 않는 걸까?

요즘 사람들은 칼날이 무디어지면 어떻게들 할까. 예전에는 집마다 숫돌이 있어서 마당에서 갈곤 했는데 아직도 숫돌에 칼을 갈아 쓰는 사람이 있는지 궁금해진다. 요즘 아이들은 "쓱쓱 이상한 소리가 들려 문을 살짝 열어 보니 하얀 소복을 입은 여자가 칼을 갈고 있었다." 이야기해도 뭐가 무서운 줄 모르겠지. 요즘은 슬쩍 열어 볼 수 있는 미닫이문도 드물고 소복을 입은 여자를 볼 일도 없으니까. 익숙했던 물건들이 사라지면서 함께 잃어버리는 풍경들이 있다. 공중전화, 월급봉투, 열쇠 고리 같은 것들이 그리울 때가 있다. 공중전화가 사라지면서 동전 한 움큼을 쥐고 옮기던 발걸음이 사라졌다. 약속 시간이 되었는데 앞사람이 전화를 끊지 않아 발을 동동 구르던 간절함도 사라졌다. 월급봉투가 사라지면서 돈 벌어 오는 자의 자부심은 사라졌다. 통닭 한 마리 사들고 집으로 돌아가며 부르던 콧노래도 사라졌다. 가난해도 부끄럽지 않던 시절은 이제 이야기 속에만 존재한다. 이제 우리는 연봉을 비교하고 숫자로 서로를 찌르며 살아간다. 열쇠가 사라지면서 세상은 안전해졌을까. 어디에도 카메라 없는 곳이 없고 공동 현관부터 비밀번호를 누르고 들어가는 세상이 되었다. 동네 아이들이 모두 친구라 어디라도 놀러갈 수 있었던 그때가 그립다. 물론 지금이 나쁘다는 건 아니다. 공중전화가 스마트폰이 되었어도 사람들은 마음을 전하려 하고, 월급봉투가 사라져도 가족을 위한 마음은 변하지 않았으니까. 마음은 그대로인데 너무 빨리 변하는 풍경이 서러울 뿐이다. 다들 이렇게 바빠 어디로 가는 걸까. 쓸모없어진 것이라고 이렇게 내버려둬도 되는 걸까.

 이제 구미호나 저승사자를 두려워하는 사람은 없겠지. 요즘은 좀비가 대세니까. 움직이지만 살아있지 않은 존재를 두려워한다. 살아있지 않은 존재로 가득한 세상을 두려워한다. 공포도 시대를 반영할 테니, 좀비를 무서워하는 건 좀비처럼 사는 지금을 두려워하기 때문일지도 모른다. 스마트폰을 들여다보느라 풍경을 볼 시간이 없다. 숫자를 비교하느라 자신을 돌볼 시간이 없다. 온 힘을 다해 살다 본 거울 속 모습은 좀비를 닮아간다. 욕망도 열정도 없이 그저 살아간다면 좀비와 다를 게 뭐가 있을까. 세상은 변하고 있지만 사람을 위한 변화인지는 모르겠다. 새로운 기술, 새로운 문화, 유행하는 콘텐츠, 얼리어답터, 패셔니스타. 그게 정말 원하는 모습일까. 시대에 뒤처지지 않기 위해 소중한 것을 너무 쉽게 버리고 있는 건 아닐까. 시대에 발맞추기 위해 자신과 공감할 시간까지 포기할 필요가 있을까.

    기술은 사람을 향한다는데 그리 편해진 것 같지 않다. 블루투스 헤드셋으로 노래를 듣기 위해 페어링을 하고 동기화를 해야 한다. 한시도 스마트폰을 놓을 수 없다. 번거로운 건 마이마이에 카세트테이프를 넣던 때와 다를 바 없다. 그 시절 감성은 사라졌는데 딱히 자유로워진 기분이 들지 않는다. 세탁기가 나오며 편해진 건 좋은데 건조기에 살균 옷장까지 갖춰야 하는 건지 모르겠다. 햇볕 나면 기다렸다는 듯 담벼락에 이불을 널던 그때보다 행복해졌을까. 물건을 가득 채우느라 보지 못하는 것들이 있다. 내비게이션을 따라 운전하며 잃어버린 길들이 있다. 생에서 배제된 풍경들이 있다. 효율적인 삶을 위해 기계처럼 사는 건 아닐까. 최적화된 코스를 따라 이동하며 놓치는 풍경들이 있다. 모처럼 나온 공원에서 드론 잠시 날리고 사진 몇 장을 찍은 뒤 도망치듯 집으로 온다. 여행지에서도 새로움은 없다. 검색으로 찾은 유명한 가게에서 밥을 먹고 스마트폰이 추천한 핫스팟에 가 인증사진을 찍는다. 삶을 편하게 만들어야 할 기술이 오히려 사람을 소외시킨다. 온라인 세계는 무한을 향해 확장하지만 현실의 삶은 상자 속을 벗어나지 못한다. 디지털화되지 못하고 버려진 영혼들. 스마트한 기계를 따라잡지 못해 낙오한 인간들. 이쯤 되면 기계가 우리를 사용하는 건 아닐까. 이미 일반인들은 이해할 수 없을 만큼 인공지능은 진화했다. 인공지능이 지배할 미래를 두려워할 게 아니라 인공지능이 없으면 안 되는 오늘을 경계해야 할지도 모른다. 무인시스템으로 주문을 하고, 스마트폰을 따라 걷고, 내비게이션 지시에 따라 운전하고, 알고리즘에 따라 쇼핑하는 자신을 돌아볼 때가 아닐까. 해킹, 명의 도용, 정보 유출, 금융 피해, 기억력 감퇴와 사유의 종말까지. 스마트한 기계를 사용하기 위해 지불하고 있는 게 할부금만은 아니겠지.

내일이 과연 우리를 위한 것일까. 기계가 사람을 이기는 것보다 소름 끼치는 것은 앞만 보며 나아가는 삶이 아닐까. 생을 쓰는 방법을 잊어버린 건 아닐까. 손을 자유롭게 만드는 기기들이 아무리 발전해도 자신에게 시간을 주지 않으면 소용없다. 발을 대신할 수단이 늘어도 생을 대신 살아줄 수 없다. 푸른 이빨이 통째로 생을 삼켜버리기 전에 무언가를, 자신을 위한 무언가를 해야 하지 않을까. 기계의 힘으로 자유를 얻을 수는 없으니까. 기계를 거부할 이유는 없지만 생에서 자신을 배제해서는 안 된다. 지금이라도 생을 붙잡지 않으면 스마트폰 검색 기록이 유언이 될지도 모른다. 편리함이 편안함으로 이어지지 않는다. 기술의 발전이 인간을 반드시 행복하게 만드는 건 아니다. 어떤 면에서는 필요 이상으로 발전한 게 아닐까. 기술이나 기계에 지나치게 의존하는 마음을 경계해야 한다. 충전하지 않아도 쓸 수 있는 것들을 놓치지 않아야 한다. 충족되지 않아도 충만한 순간이 있음을 잊지 말아야 한다.

잠시 푸른 이빨에 입마개를 채워야겠다. 블루투스 이어폰을 가방에 넣는다. 바람을 느끼고 바다의 속삭임을 듣는다. 몸의 소리를 듣고 마음이 하는 이야기를 듣는다. 편리함을 좇느라 놓쳐서는 안 될 것이 있다. 마음이 원하던 풍경이 이곳에 있다. 관계는 사람 사이의 일로 한정되지 않는다. 세상 모두가 관계의 대상이며 물건 역시 다르지 않다. 관계는 존재를 이루나 관계가 존재를 이르는 말이 되어서는 안 되겠지. 물건이나 기술을 적대시할 필요는 없어도 절대시할 필요까진 없다. 여백 없는 글자는 의미를 품지 못하니까. 쉼표 없는 노래는 소음이 되니까. 띄어쓰기가 없는 문장은 읽을 수 없으니까. 어쨌든 주인은 나여야만 하니까. 시대의 흐름에 뒤처진 인간이면 어때서. 스스로 파도 되어 나아가면 그만이지. 세상의 변두리에 있더라도 생의 중심에는 언제나 내가 서 있을 테니까.

윌슨 대신 월든

『유리감옥』을 필두로 한동안 인공지능이나 미래학을 다룬 책들을 쭉 읽어나갈 계획이었지만 『오래된 미래』는 잠시 보류다. 고독한 미식가가 식당을 찾듯이 마음을 달래줄 문장을 찾는다. 법정 스님의 무소유도, 에피쿠로스의 쾌락도, 장자도 아니다. 오늘은 월든을 다시 읽어야겠다. 헤밍웨이가 불꽃이라면 소로는 강물, 고요한 문장을 따라 걷는다. 소로가 호숫가에서 홀로 살았듯 작은 바닷가 마을에서 혼자 산다. 1845년 봄, 도끼 한 자루를 들고 월든 호숫가로 걸어 들어간 소로처럼 친구가 빌려 온 SUV 뒷자리에 15년 치 짐을 싣고 통영으로 돌아왔다.

어머니의 표현으로는 "욕심이 없어도 너무 없어서 문제인" 인간이다. 낡은 텀블러 두 개, 주전자 하나, 밥그릇과 대접, 트레이닝복 몇 벌이면 부족함이 없다. 과연 풍요로움에 행복이 깃들까. 어린 시절 주말이면 토요명화를 볼지 주말의 명화를 볼지 선택해야 했다. 그때 보았던 영화들은 몸에 스며들었다. 이번을 놓치면 다음은 없었기에 몰입해야만 했다. 비디오테이프와 DVD 시대를 지나 넷플릭스 시대에 이르렀다. 채널 숫자는 늘어났는데 머무를 곳이 없다. 수만 편의 영화를 볼 수 있는데 목록만 보다 잠들어 버린다. DJ가 노래를 소개하는 동안 공테이프 녹음 버튼을 누르기 위해 긴장하던 손길이 있었다. 길거리에서 산 카세트테이프에는 가사가 없어서 몇 번이고 같은 구간을 반복하며 옮겨 적다 테이프가 늘어나 버리는 일도 잦았다. 이제는 카세트테이프 하나 살 돈으로 매일 쏟아지는 신곡을 들을 수 있지만 인생 노래를 찾는 건 어려워졌다. 그곳에 머무를 시간이 없다. 한두 번 듣고 지워버린다. 노래가 끝나기도 전에 삭제 버튼을 누른다.

    손가락 몇 번 움직이면 세계가 집으로 배달되는 시대를 살고 있다. 편리한 것들은 많아졌지만 기쁨을 누리는 순간은 줄어든다. 머릿속에 남는 영화도 가슴을 울리는 음악도 없다. 사람들이 옛날 노래를 찾아 듣는 까닭이 그 시절의 향수만은 아니겠지. 그 시절의 몰입을 그리워하는 마음도 있을 거다. 선택의 폭은 좁았지만 기쁨은 깊었다. 삶은 풍요롭지 않았지만 감사는 넘쳤다. 배고픈 이가 음식을 가리지 않듯이 주어진 것들로 살아가는 방법을 알고 있었다. 그때가 좋았다는 흔한 말을 하려는 건 아니다. 그때를 빛나게 만들었던 무언가를 지금으로 가져올 수는 없을까. 가진 것이 많아질수록 거기에 깃든 기쁨은 옅어지는 게 당연하지 않은가. 흔하면 귀함을 찾기 어려운 법이니까. 소유보다 향유하는 삶을 살고 싶다. 내게 필요하지 않은 물건을 들이지 않고 지금 가진 것을 소중히 여기는 마음이면 되지 않을까.

애써 비우려 하지 않는다. 애초에 번거로워 채우지 않는 까닭이다. 물건이 많아질수록 그에 상응해 노동도 증가한다. 물건을 구매하기 위한 노동, 물건을 관리하기 위한 노동, 물건에서 본전을 뽑아내기 위한 노동, 쓸모를 다했을 때 처리하기 위한 노동까지. 벌써부터 머리가 아프다. 소유라는 과정은 번거롭다. 냉장고 안에는 며칠 먹을 음식만 있으면 충분하다. 쌈 채소 한 봉지. 김 한 움큼만 있어도 풍요롭다. 라면이나 간

편식으로 끼니를 해결해도 괜찮다. 식탁을 풍요롭게 하는 건 재료의 귀함이 아닌 감사하는 마음이니까. 공간을 비울수록 활동할 수 있는 범위가 늘어난다. 물건을 적게 들이면 그만큼 자신을 둘 공간이 넓어진다. 비움에 집착해서 쓸 만한 물건을 내다버릴 필요는 없지만 물건이 지나치게 많아지면 창고지기처럼 살게 된다. 나를 위해 자리를 비워둔다. 여기에는 무엇을 놓으면 좋겠네. 여기는 이게 어울리겠어. 그러다보면 마음이 쉴 자리가 없어진다. 옷이 아무리 많아도 입을 옷은 없고 냉동실이 가득 차 있어도 먹을 게 없다고 불평하게 된다. 마음의 빈자리는 물건으로 채울 수 없다.

다림질한 와이셔츠를 벗어버렸다. 푸른 바다 모래 해변에 아무렇게나 드러눕는다. 산 속 흙 묻은 바위라도 개의치 않고 쉬어간다. 반짝반짝 닦은 구두를 벗어던지니 어디든 갈 수 있게 되었다. 차가 없어도 튼튼한 두 다리만 있으면 어디로든 갈 수 있다. 확실한 미래는 오지 않아도 좋다. 지금에서 지금으로 간다. 구멍 난 양말과 닳아빠진 운동화가 부끄럽지 않은 건 체면이나 명예도 벗어버린 까닭이다. 누군가에게 잘

보이려 신경 쓸 겨를이 없다. 결혼이나 안정에 대한 욕구를 벗어던지고 나서야 애초에 어울리는 옷이 아니었음을 깨달았다. 집에서 속옷만 입고 있어도 뭐라 할 사람이 없고 삐거덕거리는 자전거를 끌고 다녀도 잔소리할 사람이 없다. 계산기를 두드리고 통장 잔고를 들여다보아도 나오는 건 한숨뿐이었는데 이제는 감탄만 남았다. 이토록 홀가분하게 살 수 있는 거였다. 치렁치렁 매달린 관계와 끈적끈적 달라붙는 욕심을 벗어버리니 비로소 몸 있는 곳에 마음을 두고, 마음 준 것에 시간을 내어줄 수 있었다.

소로가 지은 오두막보다 좁은 집에 사는 사람이 얼마나 될까. 그럼에도 만족하지 못하는 사람은 얼마나 많을까. 비록 내 집은 아니지만 널빤지 대신 시멘트와 철근으로 튼튼하게 지은 아늑한 공간이 있다. 어차피 수백 년 머물 것도 아니다. 조만간 이 별에서 떠나야 한다. 아무리 넓은 집이라도 살아갈 세상으로는 좁지만, 아무리 작은 집이라도 세상을 여행할 배로는 부족하지 않다. 언제 어디에 무슨 꽃이 피는지 알고 있으니 온 동네가 내 정원이다. 억지로 붙들고 갈 필요 없고 매달려 좋을 일도 없다. 혼자를 견뎌야 오롯해진다. 홀로를 고집하지 않으나 두려워할 이유도 없다. 오는 사람에게 마음을 주고 곁의 사람에게 시간을 내어주며 나아간다. 사랑을 위해 선물 포장을 뜯는 정도의 번거로움은 감수해야지. 꿈을 위해 날갯짓 정도의 수고로움은 있어야지. 마음 준 것에만 시간을 내어주면 가능한 일이었다. 벗어던지고 나니 알겠다. 몸 하나만 있어도 살아갈 수 있음을 알겠다. 발 딛을 곳은 지금뿐임을 알겠다. 모든 걸 벗어던져도 소중한 것은 마음에 있으니 사라질 리 없다. 짊어진 것이 없으니 가볍게 살게 된다. 벗어버려야 벗어날 수 있다. 벗어버려야 품어지는 것이 있다.

이토록 별거 아닌 거였다. 이토록 근사한 세상이었다. 별거 아닌데 벗으니 좋다. 놓아버리면 끝장날 줄 알았지만 벗어버리니 삶은 근사해졌다. 이루기 위해 기쁨을 미루지 않는다. 기쁨은 지금이 아니면 담을 수 없다. 지금은 무정한 시간의 파도 사이 잠시 열리는 틈새. 기쁨은 시간의 틈에서 찰나의 순간 피어나는 꽃이다. 지금에 몸을 맡긴 사람만이 기적과 조우한다. 오늘도 월든이 나를 안아준다. 일상에 갇힌 사람에게 숨결을 불어넣는 책, 무인도에 가져가 읽어도 용기를 줄 책, 인생에 필요한 모든 것이 적힌 책. 지금 가진 것으로 이미 충분함을 깨닫게 하는 책. 세월이 지날수록 오히려 가치를 더한다. 그래, 소로가 그러했듯이 나 역시 그렇게 살아가면 된다. 몇 번을 읽어도 호수를 비추는 달빛처럼 새로운 풍경을 보여주는 월든. 여전히 푸른 기운을 뿜어내는 지혜로운 친구와 함께 파도에 몸을 맡긴다.

『월든』 헨리 데이비드 소로

채식은 몰라도
스몰 웨이스트는 가능하니까

광안리는 5년 만이다. 광안역 5번 출구로 나와 국민은행 건물을 보는 순간 그날의 기억이 되살아난다. 해수욕장에서 발을 모으고 사진을 찍었다. 방 탈출 게임을 즐겼고 호사스러운 참치 요리를 먹었다. 그때 나는 작가가 아니었고 미주는 비건이 아니었다. 오랜만에 만났지만 어제 못한 이야기를 이어가는 듯했다. 미주 덕분에 난생처음 비건 식당에 가보았다. 조린 우엉으로 만든 주먹밥, 야채로 육수를 낸 우동, 검은 콩으로 만든 스테이크를 나눠 먹었다. 채식을 시작한 계기를 물으니 오래전부터 생각해오던 일이었다고 했다. 세상에 조금은 덜 해로운 사람이 되고 싶어서 시작했다고 한다. 근사한 날갯짓처럼 느껴졌다. 자신이 옳다고 생각하는 것을 묵묵히 실천하는 사람은 아름답다. 미주는 가끔 주변 사람에게 채식을 권하고 싶어진다고 했다. 그런 마음이 드는 건 자연스러운 일이지만 길거리에서 신을 믿지 않으면 지옥에 떨어진다고 소리치는 사람들을 떠올려 보라 했다. 그들을 보고 교회에 가는 사람이 한 명이라도 있을까. 사람은 말로 설득되지 않으니 묵묵히 너의 길을 가라 했다. 걷다 보면 따라나서는 사람도 분명 있을 거라고, 함께 걷는 사람을 만날 거라고, 스스로 그러하다면 그걸로 충분한 거라고 말해주었다.

미주는 환경 운동에도 적극적으로 참여하고 있었다. 주말이면 플로깅을 하고 시간 날 때마다 집 근처에 있는 담배꽁초와 쓰레기를 줍는다고 했다. 근본적으로 변하려면 한국담배인삼공사가 나서야 한다고 했다. 보건부와 환경부가 대책을 마련해야 한다고 했다. 담배의 플라스틱 필터 대체제를 마련해야 한다고, 시민들이 요구하지 않으면 기업들은 아무것도 하지 않는다고 했다. 담배꽁초를 버리는 사람은 신경 쓰지 않으면서 꽁초를 줍는 사람은 이상하게 바라보는 시선이 바뀌었으면 좋겠다고 했다. 넘어야 할 산은 많지만 꼭 넘어야 한다고 말했다. 실천하고 행동하는 그가 존경스러웠다. 내가 하는 거라곤 배달 음식을 시키지 않거나 재활용을 꼼꼼히 하는 정도다. 섬유 유연제를 쓰지 않고 음식을 남기지 않는 정도가 고작이지만 나만의 스몰 웨이스트 목록을 하나씩 추가해 나가고 있다. 환경 운동가는 되지 못하겠지만 행동을 보탤 수는 있으니까. 반드시 필요한 물건만 사고 일회용품 사용은 줄인다. 애매하게 쓴 휴지나 물티슈는 설거지 기름때 닦는 데 쓴다. 어쩔 수 없이 나온 일회용품을 다시 쓴다. 물티슈 대신 행주를 쓰려 노력하고 망가진 세탁망을 과일이나 야채 보관함으로 사용한다. 스팸 메일도 부지런히 정리한다. "그거 하나 한다고 뭐가 바뀌겠어?" "폐그물이 해양 쓰레기의 대부분이니 아무 소용없다." "대충 적당히 해 유난 떨지 말고" 그딴 말은 신경 쓰지 않는다. 지금 내가 할 수 있는 걸 한다. 옳다고 믿는 일을 내가 할 수 있는 만큼 하며 나아갈 뿐이다.

　미주와의 만남 이후로 많은 생각이 오갔다. 한 사람이 100을 실천하는 것도 좋지만 100명이 1이라도 시작하는 편이 낫지 않을까. 아무리 좋은 일이라도 순위를 가리는 장이 되어서는 안 될 테지. 저마다 중요시하는 것의 비중이 다르니까. 각자의 그릇에 어떤 걸 담을지는 개인의 자유고 그것이 그의 정체성을 결정하는 거니까. 어쩌면 게임 캐릭터에 능력치를 배분하는 것과 비슷하지 않을까. 누군가는 환경에 50을, 누군가는 봉사에 29를, 누군가는 정치에 36을, 누군가는 채식에 56을 쓰는 거겠지. 자신이 옳다고 믿는 일을 세상이 알아주지 않는다고 좌절할 필요는 없다. 세상에 가치 있는 일이 그만큼 많기 때문이니까. 옳다고 믿는 일이 좋은 것이라면 사람들은 그쪽으로 향하기 시작할 테니까. 세상은 서서히 나은 방향으로 가고 있다. 며칠 뒤 바디 클렌저가 떨어졌기에 비누로 몸을 씻어보기로 했다. 미주에게 채식과 환경에 관한 책을 추천해달라 하고 일상에서 실천할 수 있는 것들을 알려달라고 했다. 저마다 중요하다고 여기는 가치가 달라도 서로에게 귀를 기울이면 세상은 조금씩 나은 곳이 될 테니까. 레이첼 카슨의 『침묵의 봄』을 읽는다. 그래, 자연이 파괴되면 내 몸 속의 생태계도 망가지는 게 당연한 일이다. 선량한 마음을 지닌 보통의 사람들이 계속 침묵한다면 어떤 새도 노래하지 않는 '침묵의 봄'이 올지도 모른다.

지극히 사소한 것이라도 실천하는 수밖에 없다. 사소한

것들마저 실천하지 않으면 상상도 못 한 재앙에 직면할지도 모른다. 모든 걸 할 수 없지만 무엇이라도 하는 편이 낫겠지. 세상 사람들이 하루에 하나만 줄여도 70억 개의 쓰레기가 줄어드는 거니까. '나 하나쯤이야.' 란 말을 좋은 데 쓰는 것도 가능하지 않을까. 누가 알아주든 말든 내가 옳다고 생각하는 일을 행동으로 옮기는 거다. 트레이너를 걸친 사내가 에코백을 들고 다니는 모습이 이상해 보일지라도, 칠이 벗겨진 텀블러와 낡은 운동화가 초라해 보일지라도, 비닐 하나까지 싹싹 씻는 게 유난스러워 보일지라도 개의치 않는다. 누구에게 강요하거나 피해를 입히는 것도 아닌데 뭐 어때서. 대단한 이유가 있어야 할까. 완벽해야만 하는 걸까. 그저 내가 할 수 있는 것들을 나만의 방식으로 계속해 나가는 거다. 그것이 고작 뜨거운 아스팔트에서 지렁이 한 마리를 구하는 미약한 일일지라도.

『**침묵의 봄**』 레이첼 카슨, 에코리브르 2011

말이 통하는 사람

술자리가 무르익을 즈음 사케를 홀짝거리던 진아가 내게 이상형을 물었다. 나를 좋아해 주는 사람이라고 답하니 구체적으로 예를 들어보란다. 다른 건 몰라도 말이 통하는 사람이었으면 좋겠다고 했다. 나이 들수록, 말이 통하는 사람을 만나는 것이 몹시 드문 행운임을 뼈저리게 느낀다. 대부분의 문제는 대화로 풀 수 있는데, 대화가 통하는 사람을 만나기가 어렵다. 말은 던지거나 뱉는 것이 아니라 건네는 것이련만. 솔직함? 배려가 없으면 무례일 뿐이다. 직설적? 존중이 없으면 폭력일 뿐이다. 물론 좋은 말만 하고 살 수는 없겠지만 대화에도 최소한의 퇴고가 필요하지 않을까. 나이로 윽박지르는 사람, 지위를 무기 삼는 사람, 칭찬으로 조종하려는 사람, 껍데기만 꾸민 그저 말뿐인 사람, 입만 열면 거짓말인 사람부터 누군가를 욕하지 않으면 말을 이어가지 못하는 사람까지. 우리가 같은 언어를 사용하는 민족이 맞나 싶을 정도다. 그래서일까. 서점에 가면 제목만 읊어도 숨이 찰 만큼 말하기 책이 넘쳐난다. 이렇게까지 대화의 방법을 논하는 책이 넘쳐나는 건 글을 쓰지 않고 살 수는 있어도 말하지 않고 살기는 불가능하기 때문이겠지. 말로는 본질적인 것을 전할 수 없는데, 말하지 않으면 마음을 전할 수 없는 한계. 언어를 사용하는 존재의 슬픔이다.

몇몇 말하기 책은 무슨 공식이라도 있는 것처럼 군다. 이럴 때 이렇게 말하고 이럴 때는 저렇게 대하라지만 그런다고 정말 말을 잘하게 될까? 예전의 나는 책 속 문장을 인용하고 이야기를 꾸며내는 일에 능했다. 말을 이성의 호감을 얻거나 사람들의 관심을 끌어내는 도구로 썼다. 사람들의 반응을 살피고 계산하느라 대화를 즐기지 못했다. 타인의 이야기를 듣는 것이 얼마나 근사한 일인지 몰랐다. 커다란 목소리는 사람을 밀어내지만 귀를 기울이면 다가온다는 당연한 사실을 깨닫는데 오랜 시간이 필요했다. 타인의 삶을 살아볼 수는 없어도 이야기에 담긴 삶을 맛볼 수는 있었다. '오호 그래?' '그건 몰랐는데?' '정말?' '대단한데?' 기꺼이 이야기를 음미할 뿐인

데 사람들은 오히려 고마워한다.

　　말하기에 대한 책들 중 일부는 그럴듯한 말만 늘어놓는 유행 지난 자기 계발서 같았다. 이 책이 저 책 같은 빤한 내용이 많아서 본문을 바꿔치기해도 모를 것 같았다. 제목만 그럴듯한 다단계 같은 책들도 섞여 있었다. 타인과 소통하고 싶어하는 순수한 마음을 이용해 돈을 벌려는 의도는 아닐 테지. 다른 새의 깃털을 꽂아도 까마귀는 까마귀일 뿐이다. 나를 들여다보는 것부터 시작해야 하지 않을까. 대화는 말할 준비가 됐을 때 시작하는 것이 아니라 들을 자세를 가지면 이어지는 것이 아닐까? 이기는 대화를 꼭 해야 할까? 이기면 집값이 오르기라도 하나? 말은 바람이라서 내버려두면 지나간다. '폭력'이라면 반격하는 것보다 피하는 게 낫지 않을까. 폭우가 쏟아질 때 잠시 비를 피하는 것처럼 말이다. 그럼에도 피할 수 없는 '나쁜 말'이라면 싸워야 할 테지만. 말싸움에 이겼다고 기분이 나아지는 것도 아니니까. 그런 인간과는 선을 긋고, 벽을 세우며, 심한 경우에는 관계를 잘라내면 된다. 어쩌다 한두 번 실수한다면 부드럽게 지적하고 계속된다면 '그런 사람'의 카테고리에 넣으면 되지 않을까. 일도 관계도 영원하지 않다. 유한한 삶을 더러운 말이나 곱씹으며 보내기에는 아깝지 않은가. 꾹꾹 눌러 쓴 연애편지도 아닌데 밤새 읽을 필요 있나. 말은 붙잡지 않으면 사라진다.

어차피 '짖는 개는 물지 않는다.' 거친 말을 하는 사람일수록 나약하다. 천박한 말을 하면 배움이 부족한 거다. 그들을 스스로를 돌아보는 반면교사로 삼으면 그만이다. 상대의 말을 그대로 돌려주면 똑같은 사람이 될 뿐이다. 가게나 길거리에서 마주치는 사람들이 무슨 말을 하든 개의치 않는다. 일로 만난 사람들에게 예의를 갖추고 친절하게 말한다. 내 곁의 사람들에게 다정한 말을 건넨다. 내가 어떻게 말하고 있는지를 신경 쓰느라 말에 상처 입을 겨를이 없다. 일종의 '나만 잘하면 돼.' 정신이다. 그들이 무슨 말을 하건 무슨 상관일까. 타인의 해석은 나의 존재를 설명할 수 없다. 아무리 '나에 대해 이야기'해도 그것은 '나의 이야기'가 될 수 없으니까.

굳이 잘하기까지 해야 할까. 통하기만 하면 되지 않을까.

호감을 얻는 말투를 익히거나, 시선을 끄는 포즈를 연습하거나, 상대에게 접근하는 방법을 그대로 따라하는 이들을 보면 안타깝다. 그렇게까지 애쓰지 않아도 괜찮은 사람인데. 기법보다 태도가 중요한데. 진심이 담긴 리액션만으로도 충분한데. 대화의 본질은 상대를 듣는 자세가 아닐까. 본디 대화는 숨결을 주고받는 일이 아니던가. 말이 통하는 관계는 서로를 가르치려 들지 않는다. 대화는 설득이나 설명을 목적하지 않는다. 대화는 목표를 향한 경주가 아니니까. 숲속을 산책하듯 마음이 이끄는 대로 발을 맞추어 걷는 거니까. 상대를 위해준다는 마음도 오만이 아닐까. 누구도 나와 같지 않지 않다. 내 것이 아닌 이야기를 맛보는 기쁨을 깨달으면 유쾌하지 않은 대화가 없다. 그냥 궁금해하는 거다. 그를 여행한다고 생각하면 즐거워진다. 결코 경험해 보지 못할 풍경을 보여주는데 어찌 매료되지 않을까. 내가 살아보지 못한 삶을 공짜로 들려주는데 경청하지 않으면 손해다. 모르는 걸 모른다고 말하는 건 부끄러운 일이 아니다. 귀를 기울이면 사람들이 얼마나 친절해지는지. 서로 자신의 지혜와 경험을 나누어주려고 난리다. 공짜 영화를 보고 나왔더니 밥을 사주고 술도 따라준다. 그러면서 오히려 고마워하고 기뻐한다. 그러고는 나를 좋은 사람이라고 말해준다. 그러니 억지로 대화를 이끌지 않는다. 이것저것 맞는 열쇠를 찾으려 애쓰지 않는다. 날씨나 뉴스 같은 사소한 화제로 문을 두드리는 정도에 그친다. 게다가 침묵도 대화의 일부가 아니던가. 함께 잔을 기울이고 바람을 느끼고 파도를 바라보는 것도 근사한 대화니까.

말이 통하는 사람을 만나는 건 생에 몇 번 없을 행운이다. 말이 통하는 사람과의 대화는 살아있음을 느끼게 한다. 말이 통하는 사람은 자신만의 언어를 가졌으나 자신의 언어만을 고집하지 않는 사람이다. 자신만의 색깔이 있지만 소금처럼 녹아들어 바다를 이루는 사람이다. 다름을 인정하면 새로움이 될 테지. 나이 들면서 물결표를 쓰는 습관이 생겼다. 물결표는 말과 말을 부드럽게 이어준다. 자칫 딱딱해질 수 있는 분위기를 누그러뜨리는 힘이 있다. 파도처럼 흘려보내는 삶의 지혜가 자연스레 깃드는 것이 아닐까. 세월은 물결무늬처럼 부드러운 무언가를 새겨준다. 마음을 다치게 하는 말은 헤아릴 수 없어도 사람을 살리는 말은 한 마디면 충분하니까.

어둠 속에서 별빛 하나로 길을 찾듯이. 따뜻한 말을 건네는 사람이기를.

문학상에 관하여

저자 소개를 읽지 않는다. 어느 대학 교수님인지, 어떤 박사님인지, 무슨 상을 탔는지 이러쿵저러쿵 늘어놓는 소리에 관심 없다. 작가가 태어난 곳이 어디인지 어느 학교를 나왔는지 궁금해한 적 없다. 작가는 문장으로 말하는 법이니까. '궁금하게 하거나, 공감하게 하거나.' 둘 중 하나라도 해당되어야 저자 소개를 들춰본다. 그것도 작가가 쓴 다른 책을 메모하기 위해서일 뿐이다. 책의 내용과 무관한 자기 자랑으로 가득한 책은 그냥 덮고 만다. 이야기에 자신 있다면 저자 소개가 길 필요가 있을까. 미주알고주알 책 앞날개를 빼곡하게 채운 저자 소개를 보면 읽기도 전에 질린다. 물론 출판사의 요구에 따를 수밖에 없다는 걸 안다. 저자가 어떤 사람인지 알고 싶어 하는 독자도 많다는 걸 안다. 그저 지극히 개인적인 취향에 불과하다. 김훈 작가의 저자 소개를 보라. '1948년 서울 출생. 2000년까지 여러 직장을 전전. 소설『칼의 노래』

산문 『풍경과 상처』 외 여럿.' 수식어 따위 필요하지 않은 작가의 당당함이 돋보이지 않는가. 유시민 작가는 책의 종류에 따라 필요하지 않은 경력이나 작품은 제외한다고 말한 바 있다. 진실한 문장에 부사나 형용사 따위가 필요하지 않듯이 작품으로 증명한 작가는 이런저런 군소리를 덧붙일 필요가 없다.

저자 소개란에 빠지지 않는 것 중에 하나가 문학상 수상 이력이다. 동네 백일장에 나가 상을 받아도 자랑할 일인데 작가의 수상 이력을 기재하는 것은 당연하다. 그렇지만 몇몇 문학상은 고개를 갸웃거리게 된다. 정체성이 애매한 문학상이 많다. 올해 기준 국내 문학상은 249개다. 85%에 해당하는 212개 문학상에는 심사 관련 기준에 대한 언급이 아예 없다. 2018년에는 448개나 되었다고 하는데 몇 사람에게 상을 주고 사라져 버린 상들이 얼마나 많은지 보여주는 것은 아닐까. 방송연예대상에서 말도 안 되는 상의 이름을 붙여 생색내는 것과 뭐가 다른 걸까. 물론 문학상 자체가 의미 없는 것은 아닐 테지만 문학의 저변을 넓히려면 자기들만의 잔치에 그쳐서는 안 될 텐데. 작가가 오랜 시간을 투자한 작품에 상금 한 푼 주지 않는 문학상을 경멸한다. 그럴듯한 상장이나 상패 하나 건네며 '기성 작가로 대우'해준다? 그럴 자격은 누가 주었는가? 동네에서 자기들끼리 무슨 문인 협회니 무슨 모임이니 결성해 상 이름을 정해 늘어놓고 문예지를 파는 단체는 과연 하나도 없을까? 문예지를 보는 사람이 응모자와 심사위원뿐인 슬픈 현실은 누가 만들었을까. 동예, 옥저, 삼한 시대도 아니지 않은가. 문학계가 무슨 씨족 사회인가. 등단이 투고를 통한 출간보다 쉽다면 그건 또 어찌 된 일일까. 선정 후에도 심사위원의 면면조차 공개하지 않는 문학상을 신뢰할 수 있을까. 한 번도 들어본 적 없는 문학상을 수상하고 한두 권 자비출판을 한 게 전부인 심사위원을 믿을 수 있을까. 심사위원의 자격은 누가 정하는 걸까? 애초에 심사위원은 누가 심사하는 걸까? 대중적으로 인정받은 작가면 될까? 권위 있는 상을 수상한 작가면 될까? 경력이 오래된 작가라면? 과연 좋은 작가가 좋은 심사위원일까? 성적이 뛰어난 학생이 반드시 좋은 선생님이 되던가? 듣도 보도 못한 문학상 하나 받고 잘난 체 하는 이는 과연 없을까? 유수의 문학상을 수상한 작품이라도 감탄보다 실망한 적이 많다. 방송에서 맛집이라고 떠든다고 알짜배기는 아니더라. 문학상을 탔다 해도 내 입맛에 맞지 않을 수 있는 거다. 물론 쓰는 사람으로서의 나는, 한강 작가가 노벨 문학상을 수상해서 더없이 기쁘다. 단순한 '붐'이라도 좋다. 잠시의 바람이면 어떤가. 서점에 줄지어 선 사람들. 호들갑떠는 뉴스마저 반갑다. 한 사람이라도 읽는 기쁨을 알게 되고, 한 사람이라도 쓰는 의미를 생각하겠지. 이야기라는 세계의 주민으로서 그저 흐뭇할 따름이다. 하지만 읽는 사람으로서의 나는 세계 3대 문학상이니 뭐니 떠들어봤자 한 점의 관심도 생기지 않는다. '맨부커 상을 받았으니 어머 이건 읽어야 해!' 하며 우르르 몰려가 본 적 없다.

A문학상은 심사위원인 출판사 대표가 자사에서 발간된 시집을 수상작으로 선정했단다. B문학상을 수상한 C 평론가를 심사한 위원이 D 평론가와 F 평론가인데, D와 F는 C 평론가로부터 심사를 받아 비평 문학상을 수상한 사이였다는 훈훈한 소식도 있다. 과연 우연의 일치일까? 문학계에는 절대로 '상 나눠 먹기'나 '누이 좋고 매부 좋은' 일들이 일어나지

않을까? G출판사는 자사 직원에게 젊은 작가상을 수여했다. H문학상의 경우 저작권을 양도하라는 출판사의 요구 때문에 상을 거부하는 사태도 있었다. 손 모 씨라는 의인의 등장으로 표절로 문학 공모전을 휩쓰는 게 가능하다는 사실도 밝혀졌다. 세계적 문학상이라고 해서 정치 역학이 작용하지 않는 건 아니더라. 2021년도에 노벨 문학상은 탄자니아 출신의 작가가, 부커상은 남아공 출신의 작가가, 공쿠르상 역시 아프리카 출신의 작가가 받은 걸 보면 말이다. 물론 정말 우연일 수도 있겠지만. 국내 지역 문학상의 '회원님들'간의 이해관계는 어떠할까? J문학상의 경우 운영권을 둘러싸고 다툼이 벌어졌다. J의 이름을 건 문학상이 2개가 되어 참가한 작가들만 피해를 봤다. A대 명예교수가 B문학상을 받았다는 뉴스도 있었는데, 알고 보니 B문학상의 운영위원이 교수가 회장으로 있는 협회에서 국제문학상을 받은 작가였다는 뉴스도 있었다. 뭐, 글쓰기 수업을 진행하면서도 어처구니없는 이야기를 많이 들었다. P문학상에 응모하려고 했더니 없는 이메일 주소였다거나, D문학상에 응모하려 했더니 수상자는 평생회원으로 활동해야 한다는 조항이 붙는다거나, S문학상에 응모했더니 돈을 내면 문학회 회원으로 가입시켜 주겠다는 문자를 받았다거나. 그런 일들 말이다.

우리 동네에 물이 빠지면 조개를 캘 수 있는 갯벌이 몇 군데 있다. 조개를 캐는 할머니들은 멀리서 보면 평화롭지만 가까이 다가가면 이야기가 달라진다. 자신의 땅이 아니고, 자신이 관리하지도 않으면서 자기들만의 공간으로 만든다. 타지 사람을 밀어내는 시골 특유의 텃세랄까. 귀촌 귀향을 꿈꾸는 사람이 이렇게나 많은데 왜 지방 도시들은 소멸될 위기에 처했을까. 문학계도 마찬가지 아닐까. 글을 쓰고 싶어 하는 사람이 이렇게나 많은데 입을 앙다문 조개처럼 썩어가는 건 아닐까. 자신의 이익을 위해 스스로를 고사시키는 것은 아닐까. 2016년 밥 딜런이 노벨 문학상을 받았다고 말이 많았지만 문학의 저변을 넓히는 것이 과연 나쁜 일일까? 지자체나 대형 출판사의 입김을 벗어나 전주에 있는 동네 책방 7곳이 모여 '그럼에도 불구하고'란 문학상 공모를 내건 것은 우스운 일일까? 유명하건 그렇지 않건 문학상마다 나름의 의의가 있겠지만 ◇◇문학상 출신, ▽▽문학상 출신으로 작가를 정의할 필요까지 있을까. 문학이란 본디 출신이나 성별, 세대에 관계없이 자유로워야 하는 일이 아닌가. 문학상만이 '작가의 자격'을 부여한다고 믿는 작가 지망생이 많다는 것도 서글픈 일이다. 공정한 운영을 위해 심사 기준을 명확히 하고 주먹구구식의 운영을 개선하는 등의 노력도 필요하겠지만 무엇보다 문학상이 작가의 신분증이 될 수 없다는 인식의 전환이 필요하지 않을까. 글을 쓰는 사람들부터 시작해야 하지 않을까. 작가란 도대체 무엇일까. 작가란 단어를 명사가 아닌 동사로 인식하는 사람이 늘어난다면 등단이란 절차는 그리 중요하지 않아지겠지. 등단이 목적지인가. 출발점이 될 것인가. 개인의 선택에 달려있겠지. 작가란, 보름달이 뜨면 변신하는 늑대인간처럼 글을 쓰는 순간에만 존재하는 일종의 '현상'이라고 믿는다. 상을 받은 건 축하할 일이지만 상을 받지 않았다고 해서 작가로서의 정체성이 사라지지는 않는다. 오늘 글을 썼다면 그는 작가다. 화가가 그려낼 수 있는 최고의 작품이 물감으로 범벅된 두 손이듯이 작가를 증명하는 건 장식장에 모셔둔 상패가 아니라 그가 써낸 문장이 아닐까.

원 히트 원더와 그 후의 일상

'원 히트 원더'는 가요계에서 쓰는 단어다. 한 곡으로 놀라울 정도의 흥행을 거둔 것을 이른다. 최호섭의 '세월이 가면'은 지금 들어도 명곡이다. 이승훈의 '비 오는 거리'의 기타 연주는 비 오는 날마다 들어도 질리지 않는다. 에메랄드 캐슬의 '발걸음'은 또 어떤가. 나의 인생 노래는 청소년기를 지배했던 마왕의 노래가 아니다. 청춘을 함께 보낸 드렁큰 타이거의 노래가 아니다. 노래방에 갈 때마다 김기하의 '나만의 방식'을 불렀다. 그의 다른 노래들은 나의 취향이 아니었지만 이 곡과는 평생 함께하리라. 비단 가요계에만 해당되는 단어일까. 내 독서 리스트에도 원 히트 원더로 기록된 책들이 있다. 일단 『파이 이야기』, '전 세계 독자를 사로잡은' 따위의 수식어를 질색하지만 연인의 추천에 마지못해 읽기 시작했다. 표지에 조그마한 구명보트를 꽉 채운 호랑이가 눈에 들어온다. 그 밑에 쭈그리고 있는 사람은 마치 호랑이의 배설물처럼 보인다. 배 위에는 호랑이 아래에는 상어가 있다. '이봐! 도대체 어쩌다가 이런 상황이 된 거야?' 난생처음 읽어보는 이야기였다. 표지부터 결말까지 완벽했다. 첫 페이지부터 마지막 줄까지 상상력이 꽉꽉 들어차 있는 양념게장 같은 책이었다. 이토록 매혹적인 이야기라니. 텍스트로 읽은 작품을 영상으로 보지 않는다는 원칙을 깰 정도였다. 그러나 얀 마텔과의 인연은 거기까지였다. 그의 다음 책에는 파이 이야기에서 느낀 짜릿함이 없었다. 나의 식견이 좁기 때문인지도 모른다. 파이 이야기의 임팩트가 너무 커서 다른 이야기가 시들하게 느껴진 건지도 모른다. 어쩌면 작가도 절망하지 않았을까. 예전의 자신을 넘어서야 한다는 부담감은 얼마나 무거웠을까.

우타노 쇼고의 『벚꽃 지는 계절에 그대를 그리워하네』는 또 어떤가. 이 책 역시 사회적 통찰과 시적인 표현, 기막힌 반전까지 나무랄 데가 없는 완벽한 이야기였다. 하지만 연달아 읽은 그의 책들은 완전히 다른 세계였다. 『밀실 살인 게임』 시리즈를 읽을 때는 놀이공원 문을 열었는데 총알이 빗발치는 전쟁터에 떨어진 기분이었다. 『벚꽃 지는 계절에 그대를 그리워하네』의 분위기를 기대하며 열어본 『봄에서 여름, 이윽고 겨울』, 『늘 그대를 사랑했습니다』 역시 스프를 반만 넣은 라면 같았다. 그냥 입맛의 차이인지도 모른다. 어쩌다 외도를 잠시 했을 뿐 작가가 지향하는 세계는 저쪽이었는지도 모른다.

    J. M 바르콘셀로스에게 『나의 라임오렌지 나무』는 어떤 의미였을까. 셜록 홈즈를 죽였던 코난 도일의 마음은 어떠했을까. 세르반테스는 감옥에서 『돈키호테』를 구상하며 행복했을까. 삶에서 가장 찬란한 순간이 언제인지 과연 알 수 있을까. 하퍼 리는 단 한 권의 책으로 퓰리처상을 수상했고, 『앵무새 죽이기』는 40여 개 국어로 번역되어 4,000만 부 이상 판매되었으며, 성경 다음으로 영향력 있는 책으로 일컬어진다. 그렇다면 『앵무새 죽이기』 이전 그의 삶은 아무 의미 없는 것이었을까? 사람들의 지나친 관심 때문에 고향에서 은둔해 지낸 50년의 세월은 어떠했을까? 그의 인생은 『앵무새 죽이기』 이전과 이후로 나눠지지 않는다. 그가 글을 쓰며 지새운 모든 밤은 반짝인다. 한 사람의 생은 타인들이 절정이라

말하는 지점에 갇히지 않는다. 그가 마음을 다해 살아낸 모든 순간이 찬란하다. 사람은 세월에 낡아가는 물건이 아니다. 별이 어둠 속에서 빛을 잃던가. 생명은 살아있는 한 빛을 잃지 않는다. 영광의 그늘이라니, 청춘이 지난 모두를 멸시하는 말이 아닌가. 죽어갈 모두를 슬픔에 빠뜨리는 말이 아닌가. 시간의 너비가 중요할까. 어디에 있건 삶은 매 순간 빛나고 있고 지금은 언제나 절정인 것을.

아무튼 서재에서 아무튼 메모

목수의 서재라, 작가의 서재에 관한 책은 꽤 읽었지만 서재를 만드는 사람의 이야기는 처음이다. 나도 좋아하는 책으로 가득한 서재를 꿈꿨다. 드링크 캐비닛에서 위스키를 꺼내 따라놓고 책을 읽거나 글을 쓰는 나만의 공간을 소망했다. 막상 글 쓰는 일을 업으로 삼고 나니 서재에 대한 로망은 어디론가 사라졌다. 병원이건 공원이건, 버스 터미널이건 기차역이건 장소를 가리지 않고 책을 펼친다. 생각이 떠오르면 화장실이건 장례식장이건 일단 쓰고 본다. 삶을 언어의 형태로 바꾸는 일에는 때와 장소가 따로 있지 않으니 나의 서재는 발길 닿는 모든 곳이다. 내게 필요한 것은 나만의 공간이 아닌 나를 위해 쓸 시간이었다. 도서관이 나의 자료실이며 동네 산책로가 나의 정원이다. 글을 쓰며, 세상을 살아가는 모두가 하나뿐인 이야기의 주인이며 삶에 일어난 모든 일이 나만의 서사를 위해 필요한 문장임을 깨달았다. 작가는 세상을 읽어 언어로 전환하고 책은 독자가 읽을 때 비로소 완성되니 읽기와 쓰기는 별개의 행위가 아닌 하나의 현상이다. 이토록 근사한 세상이라는 도서관, 세상을 읽고 삶을 쓰며 서가 사이를 가능한 오래도록 서성이고 싶다.

오늘 글을 쓴 사람이 작가라고 믿기에 끊임없이 메모를 한다. 책을 읽다 문장을 옮겨 적고 길을 걷다 생각난 아이디어를 쓴다. 내일 할 일을 적고 오늘의 기분을 쓴다. 메모는 글쓰기의 재료일 뿐만 아니라 삶을 살아가는 방식이기도 하다. 메모는 내일에 대한 희망이고 지금을 사는 자세다. 내일이 오지 않는다면 메모할 필요가 없다. 지금 이 순간을 메모하며 그리울 장면으로 만든다. 메모로 삶의 여백을 채운다. 메모로 삶이라는 이야기를 잇는다. 메모는 내일을 기대하게 하고 어제를 기억하게 하며 오늘을 사랑하게 만든다. 그래서 나는 오늘도 메모한다. 식탁 위 탁상 달력에는 일정이 적혀 있다. 6월 9일 출간 계약, 6월 13일 오후 임플란트 수술, 6월 16일 줌 토크 같은 것들이다. 노트에는 수술비 영수증을 챙겨야 한다는 사소한 메모부터 줌 토크에서 할 이야기까지 빼곡하게 적혀 있다. 휴대폰 메모장에는 줌 사용법은 물론 노트북 배치 각도를 찍어둔 사진까지 곁들여져 있다.

휴대폰 메모장을 열어 '자전거를 타다가 나비와 스쳤다. 햇살을 머금은 날개는 무척 따스했다.'라고 쓴다. '모내기를 마친 논 옆에 수국이 보랏빛으로 물들기 시작한다.'라고 이어서 쓴다. 잊지 않기 위해 한 메모들은 잃을 수 없는 장면으로 남는다. 메모들이 이어져 이야기가 된다. 나는 집으로 돌아가 메모를 엮어 글을 쓸 것이다. 꽃은 지고 나비는 다시 만날 수 없을 테지만 순간의 기쁨은 활자 사이에 새겨질 것이다. 기쁨은 물론 아픔과 절망까지도 이야기가 될 것이다. 메모는 중요하지 않은 일은 있어도 소중하지 않은 순간은 없음을 되새기게 만든다. 틈 날 때마다 장소를 불문한 나의 메모벽, 그러니 발길 닿는 곳이 나의 서재다. 메모는 매일 백지에 몸을 던져야 하는 이의 구명보트다. 쓰레기통에 버린 메모가 이어져 한 권의 책이 되듯, 불쾌한 일과 견딜 수 없는 아픔과 일어나지 않았으면 좋았을 사건들이 모여 삶이 되었다. 나는 메모의 조각을 이어 삶을 건널 돛을 짠다. 메모는 순간을 살아내는 꽃이고 영원을 꿈꾸는 바람이다.

    틈 날 때마다 메모하고 그것을 이어 글을 쓰는 것이 내가 하는 일의 전부다. 간혹 매일 그렇게 글만 쓰면 무슨 재미로 사는지 모르겠다는 사람도 있지만 글쓰기보다 황홀한 일이 어디 있단 말인가. 글을 쓰려면 세상을 자세히 보아야 하고 삶에 대해 깊이 생각하게 된다. 바꿔 말하면 매일 새로운 세상을 발견하고 삶에 깃든 아름다움을 깨닫는 일이 글쓰기라는 말이다. 그러니 어찌 지루할 틈이 있을까. 글쓰기는 내가 사는 방식이다. 사람들이 글쓰기를 어렵게 생각하지 않았으면 한다. 책을 내기 위해서가 아니라도 좋다. 보다 많은 사람이 글쓰기에 깃든 치유의 힘과 성장의 기적을 맛보기를 바란다. 책으로 무한의 세계를 만나고 글쓰기로 나만의 세계를 만든다. 책을 읽으며 나의 세계가 넓어지듯 글을 쓰면 내가 사는 세상이 달라진다.

    단어 하나 허투루 쓰지 않으면 풀꽃 하나에도 의미가 깃든 세상을 살게 된다. 별거 아닌 일상이 모여 삶이라는 이야기가 되듯이 위대한 작품도 메모 한 장에서 시작된다. 처음부터 잘 쓰는 사람은 없다. 계속해서 쓰는 사람과 끝까지 쓰는 사람이 있을 뿐이다. 오늘 글을 썼다면 그는 작가다. 내면의 이야기를 바깥으로 보내며 마음은 가벼워지고 정제된 문장이 쌓인 영혼은 단단해진다. 내버려두어야 잦아지는 아픔이 있듯이 이야기해야만 사라지는 슬픔이 있다. 대단한 사람이라 글을 쓰는 게 아니다. 글을 쓰면서 자신의 삶에 깃든 특별함을 깨닫는 거다.

글쓰기는 지금껏 자신이 쌓아온 이야기의 찬란함을 깨닫는 과정이다. 기나긴 어둠을 걸었더라도 그곳에 별이 빛나고 있었음을 기억해 내는 과정이다. 넘지 못할 산이 자신의 이야기를 이루는 점이 되어 있고 죽을 것 같았던 아픔이 나를 단단하게 만들었음을 확인하는 일이다. 생각보다 좋은 일도 많았음을, 고통스러운 순간에도 좋은 사람들이 있었음을 떠올리는 작업이기도 하다. 이곳에 오기까지의 이야기를 정리하는 동안 마음은 가벼워진다. 생명력을 얻은 영혼은 지금 이 순간의 아름다움을 온전히 느끼게 되고 지금부터의 이야기를 써 나갈 근육을 얻는다. 몸에 새겨진 흉터들을 어루만지면 되살아나는 이야기들이 있다. 밑줄 그어진 문장들은 그곳에 있다. 상처마다 꽃 핀 자리다. 저 너머에서 내내 빛날 별이다. 삶을 품으려는 안간힘이다. 사람에게 닿으려는 몸짓이다. 글을 쓴다는 것은.

『아무튼 메모』 정혜윤, 위고 2022
『아무튼 서재』 김윤관, 제철소 2017

안녕, 오멜라스

2023년 7월 18일. 한 교사가 목숨을 끊었다. 고작 이십 대 초반에 불과한 나이였다. 그도 누군가의 소중한 자식이었다. 아직 꽃을 피워보지도 못한 청춘이었다. 아이들을 사랑하고 아끼는 선생님이었다. '이슈'가 되었던 건 그가 죽음을 선택한 장소가 '학교'였기 때문이었다. 아마 그러지 않았다면 나 역시 숱한 죽음 중 하나로 여겼을 테지. 그를 벼랑 끝으로 내몬 것은 무엇이었을까. 그가 말하고 싶었던 진실은 무엇이었을까. 그의 죽음을 쉬쉬하며 묻으려던 이들이 있었다. 추모의 발걸음을 가로막는 목소리가 있었다. 사람들은 질문하기 시작했다. 도대체 왜? 우리 사회의 민낯이 드러나기 시작했다. 아이에게 도청기를 들려 보내고, 내 아이가 왕의 유전자를 가졌다 말하고, 선생님들에게 욕설을 퍼붓는다. 아이들이 선생님을 우습게 보는 게 당연하다. 아이는 부모를 '보고' 자라기 마련이니까. 내 새끼만 잘 되면 된다고? 과연 누가 행복해졌을까. 학교는 언제부터 이런 곳이 되어버린 걸까.

　내게 학교는 즐거운 곳이 아니었다. 촌지가 횡행하고 구타와 체벌이 당연하던 장소였다. 초등학교 때는 가난하다는 이유로 왕따를 당했다. 잘 사는 집의 아이와 싸웠던 날이던가. 나이 든 선생은 나를 교단에 무릎 꿇렸다. 예순 쌍의 눈이 지켜보고 있는 가운데 나를 구타했다. 발로 차고 뺨을 때렸다. 그 아이들은 무슨 생각을 했을까? 나는 땅만 바라보는 아이가 되었다. 도서관만이 내가 숨 쉴 수 있는 장소였다. 중학교로 올라가도 상황은 그리 좋아지지 않았다. 선생들은 걸핏하면 아이들을 때렸다. 떠들었다고, 잠시 졸았다고, 수업 태도가 불량하다고, 명찰을 차고 오지 않았다고, 지각을 했다고, 시험 문제를 틀렸다고. 그저 분풀이에 불과한 체벌도 셀 수 없었다. 훈육이 목적이었다면 매를 들었겠지. 뺨을 때리고, 가슴을 발로 차고, 넘어뜨려 짓밟지는 않았을 거다. 고등학교에 올라가 뼈가 굵어지니 선생들은 안심하고 때리기 시작했다. 온몸에 멍이 들지 않은 곳이 없었다. 자기네들끼리조차지 협약이라도 맺었는지 저마다 때리는 곳이 달랐다. 자로 손등을 때리는 선생, 책상 위에 무릎 꿇게 한 다음 허벅지 앞쪽을 당구 채로 때리는 선생, 밀대 자루를 부러뜨려 때리는 화끈한 선생, 특수 제작한 각목으로 때리는 선생, 발바닥은 맞아본 사람만 안다. 온몸이 짜릿한 그 순간을. 단지 그뿐일까. 아예 대놓고 촌지를 받는 선생도 있었다. 스승의 날이 되면 선물을 준 학생들의 이름을 적는 선생도 있었다. 고등학교 졸업식 날에는 교련 선생과 영어 선생이 꼴같잖은 권력 다툼인지 뭔지로 마이크를 집어 던지며 싸움을 벌이는 촌극이 벌어지기도 했다.

물론 좋은 선생님들도 있었다. 밥은 굶지 않느냐며 교무실로 데려가 우동을 먹여준 기술 선생님을 기억한다. 물론 배려의 디테일이 부족하긴 했지만 말이다. 공납금을 면제받을 수 있다며 집이 어려우면 손을 들라던 담임을 기억한다. 역시 디테일이 부족하긴 했지만 찬밥 더운밥 가릴 처지는 아니었으니까. 담임은 대학교 등록금을 벌기 위해 수능 다음 날부터 주유소에 다니겠다는 건방진 통보를 군말 없이 들어주었다. 기름을 넣으러 와서 쿠폰 좀 넉넉히 챙겨 달라며 곤란하게 굴기는 했지만 후에 친구에게 들은 바로는 너희들도 본받으라고 칭찬도 했단다. 교사용 문제집이며 참고서를 공짜로 주신 영어 선생님도 계셨다. 반항기 가득하고, 말수 없었던 나를 왜 예뻐하신 건지는 아직도 미스터리다. 열심히 공부할 생각은커녕 문제집을 팔아 술을 마시던, 은혜도 모르던 그때의 나를 말이다. 그럼에도 불구하고 학교는 내게 감옥이었다. 탈출할 날만 손꼽아 기다리는 수용소였다.

    나와 같은 시절을 견뎌낸 이들이 선생님이 되었다. 나와 다른 시절을 버텨낸 이들이 선생님이 되었다. 물론 밥벌이로 길을 선택한 이도 있을 테지만 대부분의 선생님은 사명을 갖고 일할 것이다. 생각해 보면 내 아이 하나도 버거운데. 그토록 많은 아이를 돌보고 가르친다는 것이 보통의 마음으로 할 수 있는 일일까. 그들의 어깨에 온갖 짐을 올려놓고서 '선생님'이니 버티라고 말한다. 선생을 가정교사처럼 부리면서 '선생님'이니 책임지라고 말한다. 그들도 누군가의 자식인데. 그들도 누군가의 아내, 누군가의 남편인데. 허울뿐인 '선생님'이란 이름 아래 희생하라 강요한다. 참다 참다 터진 고름이다. 사회의 병폐는 꼭 누군가가 죽어 나가야만 고칠 수 있는 걸까. 이토록 많은 사람이 선생님들에게 지지와 응원을 보내는 까닭은 이것이 '그들만의' 문제가 아님을 느끼고 있기 때문이다. 이것이 우리의 문제임을 깨달았기 때문이다.

아이도 낳아 길러보지 않은 주제에 쉽게 말한다고 비웃어도 할 말은 없다. 사실이니까. 육아가 얼마나 힘든지 아냐고 따져도 할 말이 없다. 지켜본 바가 있으니까. 하지만 이것이 단지 '내 아이'만의 문제가 아님은 안다. '우리'에 대한 이야기다. '우리'가 살아갈 세상에 대한 이야기다. 아이들을 올바르게 키우지 못한다면 우리가 살아갈 미래는 어둡기만 할 테니까. 선생님들이 스스로 목숨을 끊는 학교에서 아이들에게 무엇을 가르칠 수 있을까. 아마 아이의 손을 잡고 학교에 가는 일은 없을 것이다. 그렇지만, 이것이 나와 상관없는 일이라고는 생각하지 않는다. 조카들이 살아갈 세상이 좀 더 나은 곳이기를 바란다. 모든 아이가 보살핌을 받으며 자라기를 소망한다. 그런 세상을 만들기 위해 반드시 '내 새끼'가 있어야만 한다고 생각하지 않는다. 어쩌면 '내 새끼'만 생각하기에 이런 세상이 된 것은 아닐까. '내 새끼'만 잘 키운다고 (도대체 잘 키움의 의미가 무엇인지는 모르겠지만.) 내 새끼가 행복할 것 같지는 않다. 그렇게 키운 자식이 부모를 위하고, 사람을 배려하며, 보람찬 삶을 살아가게 될까. 우리는 아이들에게 살기 좋은 세상을 선물해야만 한다. 나는 조카들이 살아갈 세상을 위해서 오늘도 유난스럽게 비닐을 몽땅 뜯어 씻는다. 아스팔트에서 꿈틀거리는 지렁이를 나뭇가지로 집어 풀숲에 던져 준다. 인권에 대해 목소리를 높이고 빠지지 않고 투표를 한다. 교통 법규를 지키고 사람들을 예의로 대한다. 내가 할 수 있는 것들을 실천하려 애쓴다. 누군가 알아주기를 바라지 않는다. 그저 그래야만 하는 것이기에.

거리를 가득 메운 검은 점들을 보며 놀랐다. 올곧은 이들은 집회마저도 저리 반듯하게 하는구나. 울컥하고 올라오는 것들을 글로 옮긴다. "49재, 재계할 재(齋)자를 쓴다. 부정한 것을 멀리하고 심신을 깨끗이 한다는 뜻이다. 나는 오늘이 공교육이 멈춘 날이라 생각하지 않는다. '우리의 학교'를 바로 세우기 위한 '물결'이 시작된 날로 기억할 것이다." 글을 올리고, 출판사 모임에서 알게 된 선생님에게 보내드렸다. 집회에 나가 있는 친구의 누이에게도 전해주었다. 다행히 큰 힘이 된다고 말씀하셨다. 다른 선생님들에게 보여줘도 되냐고 했다. 그러던 차에 누이에게 전화가 왔다. 오늘 애들 학교는 어찌했냐고 물으니 일단 보내긴 보냈단다. 물론 제대로 수업이 이루어지지 않았지만 이러한 상황을 보길 바랐단다. 가서 아이들과 이야기를 나누고 생각해보길 바랐단다. 그래, 학부모 입장에서는 곤란했겠다. 그래, 이것도 답이 될 수 있겠지.

무엇이 옳은지 알 수 없는 상황이다. 교육부와 학교, 관료, 선생님, 학부모, 여기에 머리를 들이밀려는 선동꾼들과 정치나부랭이들까지. 너무나 많은 이의 이해관계가 얽혀 있는 일이기에. 저마다의 당위가 있고 그것은 침해받아서는 안 될 권리이기에. 그러나 한 가지만은 확신한다. 누군가가 희생해야만 성립하는 시스템이라면 바꿔야 한다. 어슐러 K. 르 귄의 <오멜라스를 떠나는 사람들>을 떠올린다. 겉보기에는 이상적인 도시. 오멜라스. 하지만 어떤 '절대적인 계약' 때문에 오멜라스의 번영과 평화는 한 아이의 희생으로 지탱되고 있다. 지하실에서 고통 받는 아이에게 도움을 주는 순간 도시의 행복은 신기루처럼 사라지게 된다. 오멜라스 주민들은 어른이 되기 전 진실을 알게 된다. 자신들의 행복이 아이의 고통에서 비롯함을 말이다. 누군가는 분노하고 누군가는 슬퍼한다. 누군가는 더 나은 사람이 되려 하고 누군가는 더 열심히 살아간다. 그리고 몇몇은 오멜라스를 떠나 돌아오지 않는다. 헬조선이라며 자조하는 이곳, 아무것도 바뀌지 않을 거라며 절망하는 이곳, 어쩌면 오늘이 변화가 시작되는 날일지도 모른다. 교사들이 거리로 나온 뒤 많은 것들이 변했다. 사람들의 인식도, 사회 분위기도, 교육청의 태도도.

우리가 살아갈 세상을 위해 단 하루의 불편함 정도는 감당할 수 있지 않을까. 약간의 불편함 정도는 감내해야 하지 않을까. 이곳을 오멜라스로 만들지 않기 위해. 다시 고개를 돌려 거리로 나온 그들을 바라본다. 살려 달라고 울고 있었다. 부디 살리게 해달라고 노래하고 있었다. 밥을 벌어야 살 수 있는 이들이 자신의 밥그릇을 내던지고 거리로 나왔다. 학교가 삶의 보람이고 사명인 이들이 거리로 나왔다. 나는 그들에게서 십수 년 학교에서 배운 것보다 많은 것들을 배운다. 어른으로서 내가 해야 할 일들을 생각한다. 이왕이면 내가 떠난 후의 세상이, 내가 오기 전의 세상보다 조금은 나은 곳이 되길 소망한다. 비록 먼지 한 톨의 무게만큼이라도 말이다.

4장
오늘 날씨도 읽음

앞면과 뒷면, 어느 쪽이건
동전이 지닌 가치는 달라지지 않는다.
동전처럼 사소한 순간들이 나를 살게 할 것이다.
생을 반짝이게 하는 빛이 될 것이다.

이야기는 이야기로 내버려둔다

　예전에는 쉽게 말했다. "이 작가는 한물갔어." "누가 이런 책을 읽어." "이런 쓰레기를 책으로 내다니 나무한테 미안하지도 않나?" "자기복제도 정도껏 해야지 발전이 없어." "왜 이딴 글을 쓰느라 인생을 낭비하는 거지?" 이제는 어떤 이야기라도 함부로 평가해서는 안 된다는 걸 안다. 모든 이야기에 빛이 깃들어 있음을 안다. 재밌게 읽은 책은 마음속에 동그라미를 그리고 작가의 이름을 메모해 둔다. 도저히 넘기기 어려우면 마음속에 X표를 한다. 이때의 X는 잘못되었음을 뜻하지 않는다. 그저 지금의 나와 맞지 않을 뿐이다. 아직 읽을 때가 되지 않았을 뿐이다. 이야기를 평가하는 일은 누구도 즐겁게 만들지 않는다. 식당에서 재료는 이래야 하고 간은 어때야 하며 서비스가 엉망이라며 떠드는 인간과 다를 바 없다. 떠들고 다닌다고 아무것도 바뀌지 않으며 듣는 사람만 불편하게 만들 뿐이다. 세상에 무수한 요리가 존재하듯이 이야기도 그래야만 한다. 내게는 별로인 책이라도 베스트셀러라면 많은 사람들이 공감할 만한 요소가 있다는 뜻이지 타인의 지적 수준이 나보다 못나서가 아니다. 어렸을 때 몰랐던 가지의 맛을 알게 되었듯 시간이 지난 후에 이해할 수 있는 책도 있을 거다. 고수를 먹지 못하듯 단지 내게 맞지 않는 책이 있을 뿐이다. 풀 한 포기도 함부로 밟지 않는다. 말 한 마디도 가볍게 듣지 않는다. 꽃 한 송이도 함부로 꺾지 않는다. 그러니 어찌 한 권의 책을 쉽게 말할까.

예전에 신나게 읽었던 책이 지금 보면 심드렁할 때가 있다. 예전에 몰랐던 문장의 의미를 헤아릴 때도 있다. 지금은 맞고 그때는 틀린 걸까. 그때에는 그때에 필요한 책이 있었고 지금은 지금 필요한 책이 있는 것뿐이다. 몇 번이고 되풀이해서 읽을 책이 필요하듯이 한 시절을 살게 만드는 책도 있는 법이다. 입맛은 변했지만 지금껏 먹은 음식들이 전부 나를 살게 하는 에너지였듯이 내가 읽은 이야기들이 나를 살게 했다. 세상에 존재하는 모든 책에는 저마다의 진실이 담겨 있다. 그러니 세상을 살아가는 저마다의 삶에도 각자의 당위성이 있을 것이다. 이야기를 존중하는 것은 모두의 삶을 긍정하는 일이다. 이러한 나의 삶일지라도 말이다.

바쁜 하루를 살아내고 어젯밤 읽던 책을 펼친다. 이야기가 되살아나는 순간, 잠시의 깜빡거림, 삶이 반짝이는 순간이다. 공백이 없던 것처럼 이야기는 계속되지만 찰나의 깜빡임 속에서 이곳의 삶과 소설 속의 삶이 하나로 이어짐을 느낀다. 이야기 안의 이야기, 책의 세계는 삶이라는 이야기를 안은 이야기이다. 이야기가 있는 한 삶은 계속될 것이다. 이야기를 읽을 수 있는 한 인생은 살아볼 만한 것이다. 나의 삶도 결국 이야기가 될 것이다. 이야기에 불과하기에 삼킬 수 있는 아픔이 있다. 이야기가 될 것을 알기에 견뎌낼 수 있는 나날들이 있었다. 모든 장면들은 사라지지 않고 이야기의 일부가 되었다. 멋진 사람이 아니면 어때서. 근사한 인생이 아니라도 괜찮다. 좋은 일 하나 없는 하루라도 집으로 돌아와 읽을 책 한 권이 있다면 충분하다. 사는 건 여전히 쉽지 않지만 가끔 재미있는 일이 일어나고 종종 근사한 만남이 있다. 좋은 일만 있진 않아도 감사할 일은 언제나 있었다. 삶은 항상 빛나고 있었다. 책을 읽을 정도의 빛만 있어도 사람은 살아갈 수 있다. 책을 읽는 기쁨만으로도 사람은 살아갈 수 있다. 이제는 예쁜 단어를 찾지 않는다. 모든 낱말에 깃든 아름다움을 본다. 완벽하지 않아도 진실한 한 문장이면 충분함을 안다. 대단한 스토리가 아니면 어때서. 근사하지 않은 이야기는 없는데. 사람은 반짝거리는 낱말이다. 서로를 껴안고 문장을 만든다. 이야기는 이어지고 세상은 오늘도 무사하다.

잠시 머무는 동안

 자전거 타이어가 퍼졌다. 튜브를 교체하러 갔더니 새끼손가락 길이의 못이 직각으로 박혀있다. 대리점 사장님께 혹시 누가 일부러 그런 건 아니냐고 물으니 이보다 큰 못도 종종 꽂히는 경우가 있다고 하셨다. 타이어까지 교체하느라 예상 밖의 지출이 생겨 유쾌하지 않았지만 자전거를 타고 달리기 시작했다. 어김없이 와준 봄, 벚꽃비가 내린다. 들판에 초록이 돋고 햇살은 눈부시다. 이토록 근사한 봄의 축제에 비용을 지불했던가. 그저 찾아온 봄이라 여기면 감사한 일이란 없을 테지. 애초에 공짜로 얻은 삶이 아니던가. 수리비가 과연 뜻밖의 지출일까. 살면서 쓰는 모든 돈은 당연히 지불해야 할 비용이 아닐까. 세상을 여행하는데 그렇게까지 많은 돈이 필요할까. 진실한 땀을 흘려 번 돈이면 세상을 살아가는데 부족함이 없다. 내가 가진 자산은 시간뿐이다. 돈을 모으느라 낭비할 시간이 없다. 가지려 애쓰기보다 마땅히 누려야 할 기쁨을 껴안으리라. 내친김에 바깥에서 혼술까지 즐겨버렸다. 시원한 생맥주를 마시며 봄날의 풍경을 만끽했다. 쓸데없는 지출이 아닐까 망설였지만 비용 이상의 기쁨을 얻었다. 자신을 밀어붙이는 오래된 버릇이 행복을 방해하도록 허락하지 않으리라. 물건을 채우느라 나를 둘 자리가 없던 지난날로 돌아가지 않으리라. 매 끼니를 시간을 여행하기 위한 도시락으로 여기리라. 발걸음마다 마주한 풍경을 사랑하리라. 소풍을 마치고 하늘로 돌아간 시인의 발자취를 따라가리라.

교과서에서 귀천을 읽고 반해버린 나는 아르바이트로 번 돈으로 천상병의 시집을 샀다. 고문을 당하고도 순수함을 잃지 않았던 사람. 서울대 상과에 들어갔지만 시를 쓰는 것을 직업 삼은 사람. 영양실조로 거리에서 쓰러지고 정신병원에 입원되었던 사람. 살아서 자신의 유고 시집을 보았던 첫 번째 시인이자 삶 자체가 시였던 마지막 순수시인. '한 마리 새'처럼 살다가 하늘로 돌아간 시인. 그처럼 욕심 없이 한세상을 살아내는 것이 나의 꿈이었다. 낭만이라는 철 지난 가치가 나의 장래희망이었다. 박주산채에 안분지족하며 살아가고 싶었다. 세상의 변두리에 살아도 생의 중심에서 유쾌하게 살아가고 싶었다.

　　그가 쓴 시 중에는 고개를 갸우뚱하게 만드는 것들도 있었다. <똘똘이>나 <아내> 같은 시들이 그러했다. 그때의 나는 이것도 시인가 싶었다. 이런 것도 글이라면 시인은 아무나 되는 건가 생각했었다. 삼십 년이 지난 후에야 그의 평론을 읽으며 번뜩이는 지성과 마주한다. 그의 산문에서 삶의 통찰을 엿본다. 무엇을 안다고 생각했던가. 수수한 꽃잎 아래 단단한 뿌리를 보지 못했다. 그 모든 일에도 불구하고 삶을 감사로 바라보던, 자유로운 영혼이 빚어낸 문장이었다. 어린아이처럼 세상을 껴안다 훌훌 털어내고 날아갈 사람에게만 가능한 언어였다. 날카로움을 잃은 자리에 부드러움을 품어낸 문장이었다. 화려한 꽃이 진 자리에 돋은 초록 새싹 같은 시였다. 단순하게 살기 위해 얼마나 많은 것을 버려야 하는지 깨닫고 나니 쉽게 쓰는 것의 어려움을 알겠다.

　　그가 일상의 언어도 시가 됨을 보여주었기에 누구나 시

를 쓸 수 있게 되었다. 그가 삶이 시가 됨을 증명했기에 모두의 삶이 시가 될 수 있었다. 사소한 것들을 아끼는 마음이 찬란한 것들을 불러오는 이치가 그의 시에 깃들어 있다. 그의 세상에서는 라디오가 오케스트라가 된다. 구름이 축복이고 냇물은 명상이 된다. 막걸리 한 잔에 철학이 있고 맥주 한 잔에 인생이 있다. 새의 울음을 사람들이 노래로 여기듯 삶의 아픔이 시가 되는 것이 아닐까. 언제까지 좋아해 줄지 몰라도 언제나 사랑할 조카들이 있다. 어느 날 끝나버렸지만 언제까지나 사랑으로 기억할 이름이 있다. 언제라도 끝나버릴 인생이지만 언제나 절정이었던 삶이었다. 세상을 아름답게 바라본 그의 마음이 시라는 걸 알겠다. 그러한 마음으로 써 내려간 문장에 담긴 진실을 알겠다. 진실보다 아름다운 형용사는 없다는 걸 이제는 안다. 나의 삶 역시 그러했다는 걸 알겠다. 모두의 삶이 그러함을 안다. 그러니 무엇을 바랄까. 잠시 머무는 동안 매일을 봄처럼 살고 모두를 꽃처럼 보다 돌아가는 거지. 모든 순간이 시였다. 모든 나날이 이야기였다. 지금 이 순간도 없어서는 안 될 장면일 거다. 우연히 들른 별에서 흩날리는 꽃잎처럼 살다가 바다로 돌아가리라.

살아있는 시어들의 밤

　작년 가을 나태주 시인의 문학 특강에 갔었다. 다리가 고장 난 상태였지만 말씀을 듣고 싶어 남망산을 절뚝거리며 올랐다. 기다림은 지루했지만 그럴 만한 가치가 있었다. 자신이 써낸 시어처럼 맑은 기운으로 가득한 분이었다. 늙었다는 말을 자주 하셨지만 내 눈에는 동자승처럼 보였다. 시를 길게 쓰는 것은 짧게 쓸 능력이 되지 않기 때문이란 말씀과, 시인은 세상의 아름다움을 훔쳐 문장으로 빚는 것이라는 말씀을 가슴에 새겼다. 비록 가방에 넣어갔던 내 책을 차마 전해드리지 못하고 돌아왔지만 그날 저녁 노을은 유난히 눈부셨다. 지금껏 구매한 책의 대부분이 시집이었다. 밤이면 라디오를 들으며 시를 끄적였다. 내 청춘의 가방 안에는 언제나 시집이 있었다. 왜 그렇게까지 시에 집착했던 걸까.

　어쩌면 고독과 함께 살아갈 내일을 어렴풋이 느꼈던 것

은 아니었을까. 지금을 위해 눈부신 문장을 모아둔 것은 아니었을까. 교과서나 참고서에 실린 시라도 좋았다. 돌담에 속삭이는 햇발 같은 문장들을 연습장에 꾹꾹 눌러 적었다. 연습장을 가득 채우고도 남은 뜨거움을 편지에 적어 보냈다. 신경림, 황동규, 정호승, 서정윤, 원태연, 안도현, 천상병, 보들레르, 랭보, 릴케, 블레이크, 예이츠의 시를 담아 보냈다. 우체통에 편지를 넣고 답장이 오기를 기다리는 순간마저 시였다.

시는 상처입지 않고 공감할 수 없음을 알려 주었다. 사람을 받아들이는 건 그로 인한 상처를 감수하고 그와 함께 상처 입겠다는 다짐이었다. 아픔은 불행의 모습을 하고 왔다가 내내 품고 살 온기가 됨을 배웠다. 잊을 수 없는 기억은 잃어서는 안 될 추억이라는 걸 가르쳐 주었다. 그래도 살아지는 건 사라진 것들이 남겨준 온기가 있기 때문이라는 걸 가르쳐 주었다. 그러니 변해 버릴 것들에 변함없는 애정을 보내라고, 아낌없이 마음을 띄워 보내라고, 누군가에게 손을 내밀면 사랑이 되고 자신의 손을 잡아주어야 삶이 되는 거라고, 돌아오지 않을 이들에게 돌아보지 않아도 좋을 추억을 쥐어 보내라고 말해 주었다. 시는 내게 완결된 이야기가 아니라도 괜찮다고 말해 주었다. 그저 한 줄의 문장으로도 충분한 거라고 말해 주었다. 진심을 다한 순간은 사라지지 않고 오히려 그 순간만이 오래도록 남는 것임을 가르쳐 주었다.

　　소설이 모든 장면이 서사의 일부임을 깨닫게 했다면 시는 지금 이 순간이 이야기가 끝난 후에도 남아 있을 문장임을 느끼게 해주었다. 어쩌면 지금 역시 그러한 순간일 거라고. 지금을 잊지 못할 문장으로 만들 수 있다고 속삭였다. 소설이 생에 일어나는 모든 일에 이유가 있음을 알게 해주었다면 시는 진심을 다한 순간이 진실이 됨을 가르쳐 주었다. 시는 이해받길 기다리지 않고 스스로를 납득하는 일이었다. 누군가를 찾는 대신 그저 자신이 되는 일이었다. 시는 어디에나 있었다. 가시나무 흰 꽃에도, 연못 개구리 울음에도, 붕어빵 봉투 품은 종종걸음에도, 비둘기를 쫓는 아이의 웃음에도, 느티나무 그늘에 기대놓은 지팡이에도 시는 있었다. 시는 나를 위한 기도였으며 삶을 향한 고백이었다. 시는 읽을 때마다 되살아난다. 시인이 새긴 시는 시를 읽는 마음 안에서 다시 피어난다. 내가 살아낸 순간 역시 다를 것 없겠지. 각자의 삶이 순간을 이어낸 문장이니까. 나무에 그어놓은 빗금처럼, 그만치 자란 나를 마주하는 기쁨이 시집 안에 있다. 그해 겨울 그었던 상처에 초록 잎이 돋았다.

저녁 무렵 나태주 시인의 책을 펼친다. 깜빡거리는 마음 밝힐 꼬마전구를 켠다. 오래 곁에 두고 읽을 책이다. 나의 밤을 비출 별빛이다. 별빛 너머로 떠오르는 이름 하나.

동전 하나로도 행복했던 구멍가게의 날들

우리 동네에는 구멍가게가 두 군데 있었다. 둘 다 가정집을 개조한 곳이라 담배 판매 표지가 간판을 대신했다. 아이들은 두 가게를 구분하기 위해 동네 입구의 가게를 통장집이라 불렀다. 통장집에는 아이들이 좋아할 만한 물건들이 많았다. 부뚜막이 있던 자리에 시멘트를 발라 군것질거리나 장난감을 쌓아놓고 팔았다. 손가락만 한 갱엿이 20원이었고 아기 손바닥만 한 엿이 50원이었다. 말린 문어다리도 100원에 팔았는데 포장이 되어있지 않아 입에 물면 끈적끈적한 먼지 맛이 났다. 공터 앞 구멍가게에는 파마머리를 한 아주머니와 어두운 낯빛의 아저씨가 있었다. 나무 선반 위에 진열된 상품들은 보잘 것 없었다. 과자 몇 종류와 소주. 아이스크림 냉동고와 가정용 냉장고 하나가 전부였다. 테이블이 몇 개 놓여 있었는데 동네 선원들은 그곳에서 소주를 마시거나 가게 앞에서 정종 잔에 윷을 넣어 던지며 놀았다. 유통기한이 지난 상품들이 많았지만 아무도 신경 쓰지 않았다. 그때는 치토스 과자에 동전으로 긁어볼 수 있는 스티커가 들어 있었다. 대부분 꽝이었지만 이따금 '한 봉지 더'가 나왔다. 그날도 과자 봉지를 뜯자마자 스티커를 긁었다. 당첨! 그것도 1등이었다. 농구 패딩이라니! 믿을 수가 없었다. 놀란 나머지 눈물까지 찔끔 나왔다. 나에게도 이런 행운이! 옷을 얻어 입으며 자랐기에 새 옷을 가져본 적도 드물고, 그렇게 좋은 옷을 입을 기회도 없었다. 하지만 기쁨도 잠시였다. 오래된 상품이 많은 구멍가게라 행사기간이 몇 개월이나 지난 후였다. 꿈은 물거품이 되었다. 얼마나 슬펐던지 구멍가게 아줌마를 원망하며 발길을 끊었다.

건너편 동네에는 새로 지은 4층짜리 아파트가 있었고 아파트 놀이터 근처에 봉봉이 있었다. 봉봉은 10분에 100원이었고 달고나는 50원이었다. 신나게 뛰고 나면 허기가 졌다. 연탄불에 둘러앉아 쪽자에 든 설탕을 나무젓가락으로 녹여 소다를 받아 젓는다. 봉봉 할아버지가 찍어준 비행기나 물고기 모양을 부서뜨리지 않고 가져가면 한 쪽자를 더 줬기에 침을 발라가며 용을 썼다. 학교 앞 문방구에는 50원을 넣으면 등수가 인쇄된 쪽지가 퍽 소리를 내며 튀어나오는 뽑기 기계가 있었다. 대부분 꼴등인 땅콩 캐러멜 하나였지만 어느 날인가 과일 맛 시리얼에 당첨되었다. 신이 났지만 어떻게 먹는지 몰랐다. 우유 급식조차 신청하지 못할 때였으니까. 떠먹는 요구르트를 처음 맛보고 상한 줄 알던 아이였다. 생으로 우적우적 씹으며 비싼 과자가 더럽게 맛도 없다고 씩씩대며 집으로 돌아왔었다. 학교 옆 불량식품을 파는 노점 앞에서 버스비 50원을 손에 쥐고 고민하다가 겨울에는 번데기나 쥐포, 여름에는 아이스크림을 사 집으로 걸어오던 날들이었다. 그때는 아이스크림 하나만 물고 있어도 행복했다. 과자 한 봉지만 있어도 든든했다. 동전 몇 개로 행복을 사는 방법을 알았다. 돈의 가치가 달라진 게 아니라 생의 가치를 잊고 살았던 건 아닐까. 얼마나 가졌는지를 계산하며 즐거워진 적 없었다. 가진 전부를 사랑할 수 있으면 많은 걸 갖지 않아도 행복할 수 있는 거였다. 사소한 것들이 주는 기쁨을 잊고 살았을 뿐이다. 사라진 게 아니라 잠시 잊고 살았던 것뿐이다. 동전을 쥐고 구멍가게로 뛰어가던 아이는 아직 내 안에 있다. 동전 한 움큼을 쥐고 콩나물을 사러 간다. 짤랑거리는 동전에 반짝이는 인생이 고인다.

사진에 시간을 잡아채 고정하는 힘이 있다면 그림에는 시간을 두고 찬찬히 지켜보는 다정한 눈길이 깃든다.『동전 하나로도 행복했던 구멍가게의 날들』을 넘기며 지난날을 떠올린다. 예전에는 동네 구멍가게마다 평상이 있었다. 평상에는 따로 주인이 없어 대낮부터 소주를 마시는 할아버지도, 나물을 다듬는 아주머니들과 그물을 손질하는 선원들도, 아이스크림을 입에 문 어린아이도 공평하게 머물다 갔다. 그 시절 평상에는 사람이 있었고 그 위로 계절이 머물다 갔다. 평상은 사라졌다. 그곳에 머물렀던 사람들도 사라졌다. 값비싼 소파를 들이고도 바닥에 앉는 건 그때의 포근함을 몸이 기억하기 때문일까. 멍하니 앉아 있어도 불안하지 않았던 그곳을 그리워하기 때문일까. 사람은 소중함을 깨달으며 성장하고, 소중한 것을 지키며 성장하고, 소중한 것을 잃으며 성장한다. 모든 일에 대가가 따른다면 매 순간마다 가치가 깃들어있는 거겠지. 모든 일에 때가 있는 거라면 지금이 그 순간이겠지. 현실이 소설보다 더하다고 하지만 그건 현실이 진행형인 이야기인 까닭이겠지. 살아 움직이며 서사를 더해가는 진짜 이야기. 나는 지금의 사소함에 집중할 것이다. 고향을 생각하면 얼마나 든든한가. 언제든 돌아갈 수 있는 장소가 있다는 건 근사한 일이다. 그래, 지나고 나니 모든 날이 돌아가고 싶은 순간이었다. 그러니 오늘을 돌아가고 싶은 날로 만들어야지. 생에 다가온 모든 순간은 동전처럼 반짝거린다. 앞면과 뒷면, 어느 쪽이건 동전이 지닌 가치는 달라지지 않는다. 동전처럼 사소한 순간들이 나를 살게 할 것이다. 생을 반짝이게 하는 빛이 될 것이다.

『동전 하나로도 행복했던 구멍가게의 날들』 이미경,
남해의 봄날 2017

마더 테레사의 말

 나이 드니 아프지 않은 곳이 없다. 사냥꾼들이 몸 구석구석을 부지런히 돌아다니며 독침을 쏘고 있는 듯하다. 어느 날은 팔꿈치가 결리고 다른 날은 허리가 아파 움직이지 못한다. 요즘은 걸음을 딛지 못할 만큼 발목이 아프다. 며칠 동안 드러누워 있기만 했다. 서지도 못하고, 누워서도 통증에 잠들지 못하고, 겨우 잠들어도 몇 번이고 깬다. 걱정할까 누구에게 알리지도 못하고 끙끙 앓고만 있다. 마침 진통제도 떨어지고 반찬도 떨어졌다. 대충 라면 하나 끓여먹으려 해도 이를 악물어야 하지만 감사의 마음만은 잃지 않는다. 내가 느끼는 고통이 살아있음의 증명임을 잊지 않는다.

 병원에 가니 주사를 두 대 놓고 목발과 깁스를 준다. 약기운에 힘입어 집을 정리한다. 간만에 느끼는 발가락의 감각이 반갑다. 이를 악물지 않고 설 수 있어서 기쁘다. 설기짓거리가 쌓였다는 건 그래도 먹을 음식이 있었다는 뜻이다. 빨래 거리가 쌓였다는 건 그만큼 갈아입을 옷이 있다는 뜻이다. 일이 밀렸다는 건 나를 필요로 하는 사람이 있다는 뜻이다. 고통은 자신을 소중히 여기라는 몸의 메시지다. 밥을 먹을 수 있고, 걸을 수 있고, 잠잘 수 있는 것이 얼마나 특별한 일인지 느끼라는 뜻이다. 주사 약효가 떨어지자 통증이 다시 찾아오긴 했지만 그래도 개의치 않는다. 어둠 속에서 빛의 거룩함을 느끼고 거친 바람과 마주할 때 집의 소중함을 깨닫는 법이다. 꼭 기쁜 일이 있어야 할까. 아프지만 않아도 행복한데. 아픔도 살아있기에 느낄 수 있는데. 아프지만 않아도 살 것 같다. 아프지만 그래서 살아있음을 느낀다.

공감할 수 없다면 감사할 수 없다. 빵 한 조각을 얻지 못하고 죽어가는 수천 명의 사람에게 공감한다면, 사랑을 받지 못하고 죽어가는 수만 명의 사람에게 공감한다면, 버림받은 사람에게 공감하고, 아파하는 사람에게 공감한다면, 넘어져 우는 사람에게 공감하고, 태어나지 못한 아이에게 공감하고 굶주리는 아이들에게 공감한다면. 밥 한 그릇에 감사하고, 사랑받음에 감사하고, 무탈한 일상에 감사하고, 아프지 않았던 하루에 감사할 것이다. 세상에 온 것만으로도 행운임을 알고 매 끼니마다 감사할 것이다. 공감하는 만큼 그의 세상은 넓어지고 감사하는 만큼 삶은 선명해진다. 감사는 공감과 사랑 사이에 있다. 사랑은 내어주는 것이다. 자신의 시간을 내어주고 마음을 내어주며 사는 일이다. 자신의 삶을 사랑으로 채우지 않고서 타인을 사랑할 수 없다. 자신이 서 있는 장소를 사랑하는 것이 지금을 감사하는 일이다. 자신에게 사랑을 베풀고 섬기는 일에서 모든 것이 비롯된다. 아주 사소한 일일지라도 자신을 기쁘게 만든다면 그만큼 세상은 나은 곳이 된다.

다리를 다친 사람은 걸을 수만 있다면 행복하겠지. 마지막 숨을 몰아쉬는 노인은 내일 해를 보는 게 소원일 테지. 앞을 보지 못하는 이는 사랑하는 이의 얼굴을 소망하겠지. 굶주린 이는 한 덩이의 빵을 기도하겠지. 오늘도 누군가는 무사히 집으로 돌아갈 수 있기를 바라고 누군가는 감옥에서 나가기를 원하겠지. 이 모든 것들을 가졌는데도 행복하지 않다면 그것은 무언가가 부족하기 때문이 아니라 한 가지를 잃어버린 까닭이겠지. 감사를 잊어버린 삶에는 아침이 오지 않으니까. 성 아우구스티누스의 말처럼 먼저 자신을 가득 채워야 다른 사람에게 줄 수 있는 법이다. 자신조차 안아줄 수 없는 사람이 누군가가 기댈 수 있는 사람이 될 수 있을까. 지금의 기쁨을 누릴 수 없는 사람이 언젠가 행복을 가질 수 있을까.

한동안 바깥에 나가지 못했지만 밖을 바라보는 것만으로도 감사한다. 우울해질 때도 있지만 절망하지는 않는다. 견딜 수 있는 아픔이니까. 한계를 넘어선 아픔이라면 나와 상관없어질 테니까. 까무러치고 쓰러지고 기어다녀도 다시 일어설 수 있다면 괜찮다. 해낸 게 없다고 생각할 필요 없다. 지금도 삶과 삶을 잇고 있으니까. 감사와 기쁨을 잇는 다리를 지었으니까. 감사하는 사람은 스스로 충만하기에 타인을 부러워하지 않는다. 감사하는 이에게 타인은 길가에 핀 꽃이나 코끝을 스치는 바람처럼 세상을 이루는 풍경에 불과하다. 지금은 고통으로 감사를 배우는 시간이다.

운명은 모든 것을 강탈한다. 건강도, 인연도, 젊음과 기쁨까지도. 하지만 감사만큼은 빼앗지 못한다. 감사하는 사람은 어떤 상황에서도 자신을 잃어버리지 않는다. 운명은 모든 것을 파괴한다. 가족도, 꿈도, 삶의 터전까지도. 그러나 영혼만큼은 부수지 못한다. 운명의 힘은 강대하나 생명의 불꽃은 위대하다. 굴복하지 않는 영혼을 지닌 이가 상황에 맞서 자신의 길을 만들어가는 과정을 인생이라고 부른다. 습관의 힘, 감사의 힘, 존중의 힘, 사랑의 힘 그리고 생명에 깃든 힘. 그중 하나만 있어도 살아갈 수 있다. 습관은 감사를 부르고 감사는 존중을 품는다. 존중은 사랑으로 이어진다. 마더 테레사의 신념 앞에서 나병 환자도, 동성애자도, 빈자도, 권력자도, 살인범도 동등했다. 그녀는 행동으로 신의 말씀을 세상에 구현했다. 그녀는 빈자들뿐만 아니라 마음이 비어있는 자들을 깨우치는 사람이었다. 그녀가 내 삶에 켜놓은 등불은 지금도 빛나고 있다. 그녀처럼 신의 뜻을 몸으로 행하지 못할지라도 나에게 무언가를 해줄 수는 있겠지. 세상의 불행은 적어도 한 사람의 무게만큼 가벼워지겠지.

『먼저 먹이라』 마더 테레사, 학고재 2016

책 속의 맛, 상상의 맛

『오므라이스 잼잼』 한 끼도 헛되이 하지 않겠다는 작가의 마인드가 유쾌하다. 단란한 추억과 버무려진 맛깔난 이야기라 페이지가 술술 넘어갔다. 그가 그린 음식은 어떤 사진보다 매력적이었지만 그래도 먹고 싶어지진 않았다. 먹방이니 쿡방이니 하는 영상을 봐도 딱히 입맛이 돌지 않는다. 타인이 먹는 음식이 나와 무슨 상관일까 싶다. 활자로 옮겨진 음식만이 예외였다. 책 속에 차려진 매혹적인 요리들은 머릿속으로 파고들었다. 외식이라고 해봤자 짜장면이나 돈까스가 고작이던 시절이었다. 그때는 스마트폰은 고사하고 컴퓨터가 있는 집도 드물었다. 늘 배가 고팠지만 먹을 게 많지 않았던 시절이었다. 갱엿이나 생라면을 사먹어도 돌아서면 허기를 느꼈다. 삼시 세끼 차려먹는 것도 빠듯한 살림이었다. 동네를 돌아다니며 꽃과 열매를 따 먹었다. 말리려고 늘어놓은 고구마를 주워 먹었다. 감나무에서 떨어진 뒤에 머리가 이상해졌는지 샤프심이나 잉크, 지우개에 개구리 알까지 먹고 다녔다. 그때 내가 가진 것은 오직 상상의 힘뿐이었다.

헨젤과 그레텔이 '집을 먹어치우는' 장면에 압도되지 않은 아이가 있을까. '버터를 바른 따끈한 빵과 갓 짠 우유'는 마치 천사의 음식 같았다. 장발장이 호밀빵과 양고기, 신선한 치즈와 무화과에 와인을 대접 받는 장면에 침을 줄줄 흘렸다. 흑빵이라는 단어는 또 얼마나 매혹적인가. 단순히 까만 빵이 아니라 '흑빵'이라는 정체성을 지닌 존재였다. 속이 꽉 찬 돼지고기 파이는 무슨 맛일까. 표류하는 선원들이 먹는 딱딱한 비스킷과 육포조차 맛있어 보였다. 뇌조 구이를 먹어치우고 크바스를 벌컥벌컥 마시고 나이프로 이를 쑤시는 호쾌한 러시아 사람들에게 매료되었다. 시베리아의 찬바람을 헤치고 집으로 돌아와 먹는 뜨끈뜨끈한 양배추 스프는 또 무슨 맛일까. 부드럽고 달콤한 간사이식 돼지고기 생강구이를 우적우적 씹다가 흰쌀밥을 볼이 미어터지도록 밀어 넣고 싶었다. 간장을 발라 구운 주먹밥은 또 얼마나 맛있을까. 미소시루 훌훌 마시면 꿀꺽 넘어가겠지. 전쟁터에 돌아가기 전날 먹는 호텔에서의 저녁 식사는 어떤 느낌일까. 진을 절반 넣고 로즈사의 라임주스 외에는 아무것도 섞지 않은 진짜 김렛은 어떤 맛일까. 토끼고기 스튜는 무슨 맛이고 브로고뉴식 달팽이 요리는 어떤 맛일까. 소금에 절인 대구는 어떻게 먹는 걸까. 가스파초와 키리탄포, 찬푸루는 어떤 음식일까. 오차즈케는 보리차에 밥 말아먹는 거랑 다른 건가. 타마린드 소스를 곁들인 벨푸리는 뭘까. 추수 감사절에 먹는다는 칠면조는 도대체 어떻게 생긴 새일까. 무협지에 나오는 음식들도 궁금했다. 회과육, 궁보계정, 오향장육, 산라탕, 동정호에서 잡은 잉어 튀김까지. 절세무공을 닦아 산에서 내려온 주인공이 시키는 싸구려 화주까지 근사했다. 남루한 행색이라 무시하는 점소이에게 던지는 주인공의 금전 하나, 시비 거는 명문 대파의 제자를 단숨에 제압하는 클리셰도 즐거웠다. 나를 홀린 음식들은 책 속에 있었다. 아무리 비중이 적은 등장인물이라도 음식을 먹는 순간 생명력을 부여받았다. 바득바득 이를 갈게 만드는 악당일지언정 요리를 먹어치우는 동안에는 존재의 당위성을 획득했다. 먹는다는 것은 살아있는 존재에게만 허락된 행위다. 산 자의 권리이자 의무이며 살아있음의 증명이다. 책 속 음식에는 상상을 현실로 데려오는 힘은 물론 현실을 환상적인 무언가로 전환하는 힘이 깃들어 있었다.

어른이 되어 책 속 음식을 맛보아도 실망만 늘어날 뿐이었다. 오코노미야키는 밀가루 맛이 났고 라멘은 내 입맛에는 싱거웠다. 콘비프에 옥수수가 들어가지 않는다니 배신당한 기분이었다. 책 속 음식들은 디즈니랜드처럼 환상의 세계였다. 추억의 맛이 예전의 맛이 아닌 것처럼 책 속에 있을 때에만 온전했다. 책 속 음식은 꼭 델리만주 같다. 냄새는 세상 어떤 음식보다 매혹적인데 막상 먹어보면 보통인 그런 맛. 상상은 잠시 치워두고 내 앞의 한 끼에 집중해야지. 젓가락질이 능숙해져도 매 끼니가 처음이듯, 산다는 것에 익숙해졌을 뿐 매일이 새로운 날이니까. 지금 역시 다시 맛보지 못할 순간이니까.

밥 한 숟갈 넘기기 버거울 때면 여기까지 나를 데려온 무수한 한 끼를 떠올린다. 누군가 나를 위해 차려주었거나 스스로 벌어낸 밥이었다. 밥은 어머니의 한숨이었고 아버지의 눈물이었다. 누군가의 애정이었고 누군가의 기쁨이었다. 내게 밥 먹이기를 즐거워한 사람들이 있었다. 눈치 보며 삼킨 밥도 나를 자라게 했다. 울며 넘긴 밥으로 마음을 길렀다. 꾸역꾸역 밀어 넣은 밥이 나를 단단하게 만들었다. 잠들어 깨어나지 않길 바란 밤이 있었지만 아침이면 어김없이 배가 고팠다. 배고픔은 서러움일 때가 많았지만 서럽게 넘긴 밥에도 삶을 내일로 밀어내는 힘이 깃들어 있었다. 한 끼를 넘길 때마다 삶은 조금씩 나아갔다. 한 치도 자라지 못하는 내게 실망한 밤에도, 제자리에서 맴도는 일상에 지친 아침에도 나아가고 있었다. 차라리 죽는 게 나을 것 같던 때에도 삶은 지속을 갈구하고 있었다.

어떻게든 한 끼를 이어 여기까지 왔다. 내가 무엇을 이루었건 삶은 달라지지 않는다. 무엇을 잃어버려도 세상은 상관하지 않았다. 그러나 매 순간 나는 살아있었다. 죽음을 생각한 순간조차 몸은 삶을 갈구했다. 오늘도 거룩한 한 끼를 넘긴다. 살아있던 것을 넘겨 삶을 이어간다. 살아있었던 것의 몸을 제물로 바친다. 나물 한 줄기, 생선 한 토막, 고기 한 점마다 생명이 깃들어 있다. 라면 한 봉지에도 삶의 열망이 끓어오르고 마른 빵 한 조각에도 내일을 향해 나아가는 담대한 용기가 머문다. 먹는다는 것은 얼마나 위대한 일인가. 내일을 희망하지 않는 자는 먹지 않는다. 먹기를 거부한 자는 오늘에 이르지 못한다. 한 끼에 깃든 거룩함을 아는 이는 온전한 오늘을 산다. 온전한 오늘을 사는 이는 기쁨을 미루지 않는다. 기쁨도 슬픔도 노여움도 그리움도 세상을 맛보는 방식임을 안다. 웃으며 먹은 밥은 기쁨이 되고 눈물로 삼킨 밥도 생명이 된다. 오늘도 한 끼를 먹는다. 무사히 집으로 돌아왔음에 감사하며 그릇을 씻는다. 도시락을 열듯 하루를 산다. 모든 끼니가 나를 살아본 적 없는 시간으로 데려갈 연료가 될 테니까. 이것저것 쌓아올려 정체성을 상실한 수제 햄버거처럼 살지 않겠다. 거친 빵에 치즈 한 조각이라도 온전히 집중하려 한다. 먹음직스럽지 않아도 좋다. 풍요롭지 않아도 괜찮다. 내게 주어진 한 끼를 제대로 음미할 수 있다면 그걸로 충분하지 않은가. 인생은 B와 D 사이의 초콜릿. 지금 맛보지 않으면 사라질 기쁨이 여기에. 아직 맛보지 못한 달콤함이 이곳에.

무소유

강남 아파트는 정말 그만한 값어치가 있을까. 공짜로 줘도 살기 싫은데 도대체 뭐가 그리 좋을까. 매연 마셔가며 죽도록 일할 가치가 있을까. 서울로, 강남으로, 가운데로 파고드느라 등골이 휜다. 부동산 시장은 뜨겁다는데 누가 불을 지피는 걸까. 땅덩어리 좁다 하지만 오천만 명 살기에는 차고 넘치지 않을까. 물이 뜨거워지면 두부 속으로 들어가는 미꾸라지가 된 기분이다. 세상의 중심이 그곳인 듯 파고드느라 행복은 부재중이다. 삶의 가운데가 텅 비어 있는데 어찌 공허하지 않을까. 결혼도 하지 않고, 아이도 낳지 않아 인구는 줄어드는데 이상하게 청약 경쟁률만 하늘 높은 줄 모른다. 운동장보다 넓으면 뭐하나. 층간 소음 때문에 제 집에서도 뛰지 못하는데. 톨스토이 영감님은 아무리 욕심부려도 가질 수 있는 땅은 제 몸 하나 누일 공간뿐이라 했지만 죽으면 모래 한 줌 가져가지 못한다. 잠시 머물다 행성의 일부로 돌아갈 뿐이다.

별의 일부로 우주를 여행하다 별의 조각으로 돌아간다. 세상의 변두리에 살아도 생의 중심에 나를 둘 수 있다면, 그걸로 충분하지 않을까. 허무맹랑한 헛소리를 하는 나 같은 사람이 늘어날 때마다 세상에 숨 쉴 틈 하나 생겨나지 않을까.

오늘 먹을 음식이 있고 내일 읽을 책이 있다면 충분하다. 두부 한 모에 잡곡밥 한 그릇이면 된다. 이면지 한 묶음과 사은품으로 받은 볼펜 몇 자루면 일하는데 지장이 없다. 내 집이 없어도 괜찮다. 천 평짜리 집도 살아갈 세상으로는 좁지만 몇 평짜리 셋집이라도 세상을 여행할 배로는 부족함이 없으니까. 그저 빚지지 않고, 영혼의 빛을 잃지 않고, 살다 떠날 수 있다면 족하다. 검소함에 감사가 깃들고 소박한 것이 소중한 법이다. 산다는 것은 나누는 것이다. 자신을 나누어 주다 가는 것이다. 누구에게 마음을 줄지, 무엇을 위해 땀을 흘릴지, 매 순간 선택하는 일이다. 아무리 꽁꽁 싸매고 있어도 흩어질 인생이다. 삶은 소유를 위해 낭비하기에는 짧다. 남김없이 쓰고 가는 수밖에 없다. 작은 것에 고마워하고 만족하는 마음이면 된다.

이렇게 세상이 아름다운데 나까지 빛날 필요가 있을까. 자연이 주는 기쁨으로 늘 충만하고 즐거움은 내 안에서 찾은 것으로 충분하다. '안목'은 귀하고 천한 것을 구분하는 마음이 아니라, 하찮은 것에서 아름다움을 찾고 사소한 것에서 기쁨을 얻는 다정한 시선이다. 바라보는 것만으로도 좋은 것이 사랑일 텐데 가지려 하니 괴롭다. 쓸 만큼만 있으면 되는데 끊임없이 모으려고만 하니 고통스럽다. 무소유 맞은편에 서 있는 것은 집착이 아닐까. 자신이 아닌 것에 대한 집착이 삶을 고해로 만든다. 이룰 것이 없어 괴롭지 않고 잃을 것이 없어 슬프지 않다. 무소유의 첫걸음은 집착의 무게를 줄이는 것이다. 사랑하는 것만 남기는 일이다. 물건을 채우느라 자신을 포기하지 않는 일이다. 지금 가진 것이 사랑하는 것뿐이라면 아플 일도 없겠지. 아프더라도 납득할 수 있는 아픔일 거다. 좋은 일이 생겼을 때 내 일처럼 기뻐할 수 있는 사람만 남기면 된다. 하다 죽어도 괜찮을 일에 시간을 내어주면 된다.

알면 행해야 한다. 배움은 아는 것과 하는 것 사이에 난 길이다. 아는 것이 재료를 모으는 일이라면, 배움은 요리하는 일이고, 행동은 맛있게 먹는 일이다. 먹지 않을 거라면 애써 요리할 필요가 없다. 배워도 행하지 않음은 기껏 차린 음식을 버리는 일이다. 행동하는 사람은 타인의 말을 두려워하지 않는다. 상상을 현상으로 만드는 일을 즐긴다. 습관은 집중을 부를 것이다. 집중은 몰입을 향할 것이다. 몰입은 황홀을 맛볼 것이다. 누군가의 죽음이나 뜻밖의 사고, 재앙 따위의 심술궂은 예언에 흔들리기보다 내일도 아침이 오고, 새가 노래하고, 꽃이 필 것이라고, 오늘을 마음을 다해 사랑하겠다고 예언하겠다. 죽음이 올 것을 알기에 지금의 살아있음을 함부로 다루지 않겠다. 끝날 것을 알기에 매 순간 새로이 살아가리라. 산다는 것은 죽는 일이다. 자기 꼬리를 먹는 뱀처럼 살기 위해 살아있던 것을 먹는다. 언젠가 죽는다는 건 아직 살아있다는 것이다. 살아있던 순간을 남기라는 말이다. 오늘도 세계를 먹어 생을 잇는다. 오늘도 누군가 세상을 떠났겠지. 어딘가에는 지금도 별이 빛나고 있겠지. 지금 이 순간도 다시 만날 수 없는 반짝거림이겠지. 스피커 하나로도 숱한 노래를 들을 수 있다. 한 자루 펜으로도 무수한 이야기를 쓸 수 있다. 인생은 한 번뿐이지만 살아볼 수 있는 삶은 헤아릴 수 없다.

몸은 하나뿐이지만 언제든 새롭게 시작할 수 있다. 몸이 늙어도 매일 새로운 날을 맞을 수 있고 감사하는 마음은 늙지 않는다.

바라는 것이 적으면 바라는 대로 살 수 있다. 사람을 소유하려 들지 않으면 오히려 더 큰 기쁨을 느낄 수 있고, 이루어야만 의미 있다고 생각하지 않으면 하고 싶은 일을 하며 살 수 있다. 왜 무언가를 이루어야만 하나 우리는 누리기 위해 세상에 왔는데. 이룸을 위해 생을 바치지 않기로 하자. 지금을 누리기로 하자. 시간이 얼마 남지 않았다면 아등바등할 필요가 없지 않은가. 시간이 넉넉하다면 조급해할 이유가 없지 않은가. 대단한 일을 하느라 한 번뿐인 삶을 낭비하지 않기로 하자. 타인의 환호를 위해 생의 환희를 포기하지 말기로 하자. 치열하게 사느라 삶의 희열을 놓치지 않기로 하자.

나이 든다고 저절로 지혜가 쌓이던가. 지혜는 낡지 않으려는 마음에 깃든다. 사람이 감사한 줄 모르면 삶이 근사한 줄 모르게 된다. 삶은 눈길 한 번에 화사해지고 손길 한 번에 따스해진다. 사소한 것들에 고개를 숙이는 사람에게만 보이는 꽃이 있다. 이곳에 모든 걸 바쳐야만 지금이 전부를 내어주겠지. 이곳에 모두 내려놓아야 기쁨이 자리를 내어주겠지. 아직 살아보지 않은 내일을 자신의 것이라고 말할 수 있을까. 지금까지 살아낸 날만이 진정으로 소유할 수 있는 것이다. 자신을 잃어가는 게 아니다. 오히려 나였던 순간을 늘려가는 거다. 어디로 갈지 몰라도 어딘가에 닿을 테니 괜찮다. 어떻게 될지 몰라도 인생이 될 테니까 괜찮다. 익숙해질 때쯤이면 이 계절도 떠나겠지. 소유하기보다 향유하며, 한때 전부였던 순간을 뒤로 하며 나아가자.

바다가 보이는 도서관

마당에 심긴 로즈마리 향을 맡다 도서관에 들어선다. 서가에 꽂힌 첫 번째 시집. 다른 책은 어디 있을까. 산문집 두 권은 대출 중이다. 내가 쓴 책을 골라 어딘가에서 읽고 있을 누군가를 상상해 본다. 어쩌면 한 번쯤 마주쳤을 지도 모른다. 도서관 벤치나 마트 과일 코너에서 스쳐 지나갔을 수도 있다. 서로 알아볼 수 없어도 좋다. 누군가 나의 이야기를 들어주고 있음을 알았으니까. 서로의 이름을 알지 못해도 좋다. 문장이 안부를 대신할 테니까. 누구의 생이라도 한 권의 책이 되기에 모자람이 없다. 소설 한 권 쓰지 못할 삶이 없고 시가 되지 못할 사랑도 없다. 각자의 방식으로 이야기를 이어가는 사람들을 모두 한 권의 책처럼 대하려 한다. 페이지 뒤에 숨겨진 이야기와 앞으로 펼쳐갈 서사를 존중하려 한다. 책을 읽어 지혜를 쌓듯이 사람을 읽어 추억을 쌓는다. 서점에서 책을 고르듯 관계를 신중하게 선택하고 도서관에서 빌린 책처럼 인연을 소중히 여긴다. 아끼되 집착하지 않으려 한다.

　방금 배웅하고 온 사람 역시 한 권의 책. 먹먹해진 마음을 그렇게 달랜다. 먼 길을 달려온 그와 점심을 먹고 차를 마셨다. 반년 간 새롭게 쓰인 이야기가 내게 스몄다. 유기묘를 입양해 기르게 된 사연, 침대를 새로 사고 새 수납장을 들인 기쁨, 태권도 도장에 다닌 지 삼 개월이 되었으며 새 커튼과 소파를 살 계획이라는 것. 처음 기획한 전시회 당일, 정전이 되어 당황스러웠다는 이야기까지. 그의 기억들이 내게 기록된다. 불과 몇 시간의 만남이었으나 아쉬움은 그리움이 되어 또 다른 만남을 기약한다. 함께 나눈 대화들은 오늘 지구 위에 그려진 장면 중 가장 아름답다. 각자의 이야기가 만난 오늘이 기적이었다.

　아무렇지 않게 멀어질 인연이라도 괜찮다. 아무것도 아닌 사이가 되더라도 그는 나에게 기쁨이었고 자랑이었으니까. 지금까지의 인연이 나를 이곳까지 오게 만들었다. 어떤 인연이라도 이곳에서 저곳까지 데려다줄 뿐이라고 생각하면 가벼워진다. 사람은 사람을 가질 수 없다. 순간을 꽃처럼 대하고 사람을 책처럼 대한다. 낯선 이에게 건넨 작은 친절은 일상의 기쁨이 되고, 가까운 이에게 보낸 다정함은 생의 행복이 된다. 멋진 선물을 줄 능력은 없지만 이야기를 들어주고, 껴안아주고, 쓰다듬어줄 수 있다. 믿어주고 지지해 주고 함께 있어줄 수 있다. 고작 그것뿐이지만 내가 가진 가장 좋은 것들이다. 내 사람들에게 기꺼이 시간을 내어주고 마음을 아끼지 않는 것, 남은 생에 해야 할 가장 중요한 일이다.

오늘도 꽃이 피었다. 오늘도 이야기가 되었다. 세상이 도서관이라면, 사람이 한 권의 책이라면, 내가 읽은 이야기들은 모조리 아름다웠다. 모든 계절은 사랑한 이름으로 가득하다. 별과 파도, 내민 손에 앉은 꽃잎으로, 맞잡은 손에 깃들었던 온기로 계절은 이어진다. 이제 안녕이란 말을 부디 안녕히, 그렇게 고쳐 적는다.

이야기가 모여드는 곳

책에서 다른 사람의 흔적을 발견하는 것도 도서관의 기쁨이다. 물론 밑줄을 긋거나 메모하는 건 잘못된 행동이지만, 작은 얼룩이나 책갈피, 포스트잇을 마주하면 누군가와 같은 이야기를 공유하고 있다는 생각에 가슴이 따스해진다. 그는 어떤 문장에 매료되었을까. 어떤 장면에서 웃고 울었을까. 내 곁을 스쳐 지나가는 저 사람일 수도 있겠지. 바람이 따스해진다. 직접 경험한 것으로 이해하기에 세상은 너무 거대하다. 이야기를 통해 대충이라도 이해하고 싶다. 타인의 이야기를 통해 삶을 바로잡고 싶다. 이야기를 통해 삶을 납득하는 법을 배운다. 나는 산티아고가 될 필요가 없었다. 노인과 바다를 읽었으니까. 열두 척의 배를 몰고 왜군과 싸울 필요가 없었다. 칼의 노래를 읽었으니까. 책을 읽는 동안 나는 그곳에 있었으니까. 앙드레 지드는 책을 읽고 나면 다른 내가 된다고 했지만 그런 일은 매번 일어나지 않았다. 다만 읽는 동안 나는 책 속에 있었다. 이야기는 내게 필요한 모든 곳이었다.

도서관은 단순히 책을 쌓아놓은 장소가 아니다. 세상 모든 이야기가 모여드는 곳이다. 새로운 이야기가 시작되는 공간이다. 도서관은 이야기의 바다다. 그래도 세상에는 도서관이 있으니까, 그래봤자 삶은 이야기에 불과하니까. 걱정할 필요 없다. 어디로 가든 삶의 한가운데일 테니까. 어디로 가야 할지 몰라도 마땅히 닿아야 할 장소에 이를 테니까. 책이 있다면 어디라도 상관없다. 책이 있다면 어디로든 갈 수 있으니까. 유튜브를 보지 않는다. 텔레비전은 버린 지 오래다. 만나는 사람도 없고 변변한 직장도 없지만 심심할 틈이 없다. 플레이리스트가 지금까지의 그를 들려준다면, 그가 읽은 책의 목록은 지금부터의 그를 보여준다. 음악을 통해 내게 빠져들 듯 책을 통해 세상과 연결된다. 노래와 독서로 존재는 삶의 지속성을 증명한다. 오늘도 텍스트로 세계를 이해하고 몸으로 삶을 받아들인다. 사는 게 쉬웠던 적은 없지만 책을 읽을 정도의 빛만 있다면 그래도 살아볼 만하지 않은가. 뭘 입을지 고민해 본 적은 거의 없다. 뭘 읽을지 고르느라 몇 년은 보낸 것 같지만 그것 또한 여행이었다. 인생은 짧고 읽을 책은 넘친다. 책을 읽는 모두가 성공할 수 없지만 성공한 사람들은 전부 책을 읽는다. 타인이 보기에 어떻든 책을 읽을 여유가 있다면 그것만으로도 성공적인 삶이 아닐까. 나의 세계는 손바닥 너비면 충분하다. 문장을 따라가면 새로운 세계가 열린다. 세상 모두가 나를 위해 이야기를 들려주는 장소. 나의 세계는 그곳에 있다

어떤 하루를 보냈건 몇 페이지의 책을 읽을 여유가 있다면 근사한 날이라고 믿는다. 어둠 속을 걸어도 책을 읽을 정도의 빛이 있다면 삶은 나아간다. 김훈 작가의 신간이 나왔고 미미 여사의 책도 나왔다. 새로이 발견한 작가의 책을 마저 읽어야 한다. 이보다 풍요로운 삶이 있을까. 이런 호사를 누려도 되는 걸까. 이야기의 바다는 넉넉하고 따스하다. 이곳에서 가능한 오래 헤엄치고 싶다.

샬롬! 탈무드

고등학교 내내 교회를 다녔지만 첫사랑을 만나기 위해서였다. 주말 예배가 끝난 후 일주일 동안 쓴 편지를 전하는 것이 학창 시절의 기쁨이었다. 목사의 설교를 듣는 대신 성경을 읽었다. 신병교육대에서 세례를 받긴 했지만 요구르트와 초코파이 대신 콜라와 생크림빵을 준다고 했기 때문이었다. 불교 학생회에 속한 친구들과 친해져 자연스럽게 절을 드나들며 스님과 차를 마셨다. 신의 존재는 믿었지만 종교인은 믿지 않았다. 고급 승용차를 타고 다니던 '스'들을 보았고 일주일 내내 제멋대로 살다가 주말에 목욕탕에 가듯 교회에 오는 어른들을 보았기 때문이다. 어쩌면 극히 일부의 이야기에 불과할지도 모른다. 사춘기에는 세상 모든 것에 반감을 품기 마련이니까. 종교인은 아니지만 경전은 두루두루 읽었다. 귀신이 무서워 시작한 독서는 사후세계에 대한 궁금증으로 이어졌고 죽음에 대한 두려움은 철학을 공부하게 만들었다. 경전을 읽은 이유도 연장선상에 있었다. 베다, 우파니샤드, 코란, 성경, 화엄경 등의 경전을 오랜 세월에 거쳐 읽었다. 기묘하고 아름다운 문장들 사이에 이해할 수 없는 상징들이 박혀 있었지만 실질적으로 무언가를 이해하지는 못했다.

탈무드는 결이 좀 달랐다. 이솝 우화처럼 가벼운 이야기였지만 담긴 지혜는 깊었다. 삶의 모토로 삼은 문장 역시 탈무드에서 발견했다. '한쪽 다리를 잃으면 남은 다리가 있음에 감사하라. 두 다리를 잃으면 아직 목이 붙어 있음에 감사하라. 목마저 날아가면 더 이상 걱정할 일이 없으리라.' 숱한 이야기들이 여전히 선명하다. 사막을 걷다가 무덤을 발견하자 죽음을 떠올리며 절망하는 아들에게 무덤이 있다는 것은 사람이 사는 마을이 가까워졌다는 의미임을 가르쳐주는 아버지. 배를 타고 가던 여행객들이 근사한 섬을 만난 이야기도 생각난다. 한 무리는 아예 배에서 내리지 않고 기다리고, 다른 한 무리는 가까운 곳의 과일을 맛보고 돌아왔으며, 다른 한 무리는 깊은 숲속까지 들어갔다가 동물들에게 잡아먹힌다. 뭐 그런 단순한 이야기였지만 삶에서 쾌락의 위상을 어떻게 할 것인지 생각하게 하는 철학적 질문이기도 했다. 탈무드 자체에 대한 이야기도 생각난다. 랍비는 탈무드를 읽으며 담배를 피워도 되냐는 학생은 혼쭐내지만 담배를 피우면서도 탈무드를 읽어야 하냐는 학생에게는 그래도 된다고 말한다. 키소, 코소, 카소라는 단어도 생각난다. 돈주머니를 어떻게 쓰느냐, 술잔(쾌락)을 어떻게 다루느냐, 노여움을 어떻게 다스리느냐로 인간을 평가할 수 있다는 이야기였다. 탈무드 따위 읽어본 적 없다고 말하는 사람도 있겠지만 가만히 들여다 보면 이것도 탈무드에 나오는 거였냐며 놀랄 이야기들이 많다. 헤아리기 힘들 만큼 책을 읽었지만 이렇게 또렷이 남아있는 이야기는 드물다. 아무리 다이어리에 적어 두고 휴대폰 문구로 저장해도 사라지는 문구가 있고 그저 한 번 읽었을 뿐인데도 뼈에 새겨지는 문장이 있다. 분명 후자가 지혜로운 말일 거다. 가볍게 읽히면서 오래 남아야 좋은 책이다. 쉽게 읽히지만 짙은 여운을 남겨야 좋은 문장이다.

    탈무드의 첫 페이지와 마지막 페이지를 백지로 남긴 이유는 읽는 사람 역시 탈무드의 연구자, 즉 위대한 연구에 참

여한 것이 된다는 뜻이다. 개인적 견해로는 맨 앞장은 미처 찾지 못한 과거의 지식이 있기에 비워둔 것이고 마지막 장은 지금 내가 아는 지혜가 절대적인 것이 아니기에 비워둔 거라고 생각하긴 하지만, 뭐 어쨌든 종이가 귀하던 시절에 페이지를 비워둔 것은 엄청난 결단이다. 율법을 담고 있지만 법전은 아니다. 역사가 담겨 있지만 역사서는 아니다. 토라에 기원을 두고 있지만 경전으로 분류하기도 애매하다. 탈무드를 분류할 수 없는 건 삶을 정의할 문장이 없는 것과 같은 이유에서겠지. 세종대왕이 우리에게 훈민정음을 선물했다면 유대인은 민족의 힘을 모아 탈무드를 만들어 냈다. 그들의 역사는 로마 시대의 수난, 중세 유럽의 박해, 나치의 학살로 이어진다. 고난의 역사는 곧 생존의 기록이며 생존은 승리다. 사람으로 치면 전 생애에 걸쳐 고문을 당한 셈 아닌가. 그럼에도 핍박에 굴복하지 않는 정신은 어디에서 비롯하는가. 그들보다 더한 고난을 겪은 민족이 있었던가. 그럼에도 세계를 움직이는 힘은 어디에서 오는가. 힘의 원천은 그들의 문화이며 문화의 뿌리는 탈무드일 것이다. 나라 없이 이천 년을 떠돌면서도 그들을 결속시킨 지혜가 탈무드 안에 있다. 민족을 결속하는 것은 그들이 공유하는 가치다. 현재의 이스라엘을 어떻게 생각하건 그들에게서 배울 점이 있다는 것만은 확실하다. 인구 200만에 불과한 이스라엘이 인구수 1억이 넘는 아랍 3개국을(이집트, 시리아, 요르단) 6일 만에 물리치고 했던 "우리는 나치에 학살된 600만 명과 함께 싸웠다."는 말이 단지 허세는 아닐 거다. 유랑의 세월을 거치며 단단해진 결속과 생존에 대한 의지의 밑바탕에는 그들이 공유한 '이야기'의 힘이 깃들어 있을 거다. 어둠 속을 헤맸기에 별을 찾는 법을 알았을 거다. 가진 것이 적었기에 돈을 다루는 법을 배웠을 거다. 고난 속에서도 희망을 찾아내는 지혜가 그들 민족의 가장 강력한 힘이 아닐까. 길 위에서 스러져간 이들 역시 그들 역사의 일부이며 그들 공동체가 향유하는 가치이니까. 실패를 받아들이는 법을 배웠기에 그 속에서 교훈을 얻는다. 나라를 잃고 수천 년을 헤매면서도 그들을 결집한 것은 문화의 힘이다. 나라를 잃은 이들에게 나를 잃지 않는 법을 배운다.

탈무드는 신의 말씀이 아니다. 사람이 걸어온 길이다. 유대교는 선교하지 않기에 랍비는 종교라는 틀에 갇히지 않고 민족의 스승 역할을 수행할 수 있다. 선교하지 않지만 개종하지 않는 그들의 신앙을 철학에 대입해 보면 꽤나 매력적인 개인주의자가 아닌가. 유대인식 공부법이니 대화술이니 하는 것들이 유행하는 것도 어쩌면 당연한 일이겠지. 하지만 나는 유대인에게서 그들이 부자가 된 비결을 배우고 싶지 않다. 세계 인구의 0.2%에 불과한 유대인이 노벨상의 22%를 수상했다는 사실에도 큰 감흥을 느끼지 못한다. 지혜를 얻는 것은 머리를 기르는 것과 같다. 서두른다고 가질 수 있는 것이 아니다. 끝없이 자신을 다듬으면서 기르는 수밖에 없다. 나는 그저 피카소, 마르크스, 프로이트, 빌 게이츠, 스필버그, 아인슈타인 같은 사람들을 품어낸 문화를 배우고 싶을 뿐이다. 유대 민족은 오랜 고난을 겪으면서도 희망을 놓지 않았으며 배움을 무엇보다 가치 있게 여긴다. 스스로 정한 규칙을 어기지 않으며 선행과 쾌락 사이에서 균형을 유지한다. 유머에 고통에 맞서는 힘이 있음을 안다. 탈무드에서 성공의 비결을 찾는 것도 좋고, 아이들 교육에 쓰는 것도 좋지만, 자신의 삶을 다스리기 위한 철학서로 사용하는 것도 하나의 방법이 아닐까. 뜬구름 잡는 소리 대신 나의 정원에 꽃 한 송이 심는 방법을 배우는 거다.

여행기로 여행하기

솔직히 <뉴욕에 반하다> <낭만 칠레> <당신이 캐나다에 꼭 가야 하는 이유> <취리히를 맛보다> <스웨덴 스케치> <로마 걷기 여행> 같은 제목들이 전혀 끌리지 않았다. 서가를 가득 채운 그냥 ○○○, 무작정 ○○○, 어쩌다 ○○○, 인문학과 함께 ○○○ 같은 제목들은 자기 증식이라도 하는 걸까. 여행기를 읽으며 설레지 않았다. 생판 모르는 타인의 '단순한 여행' (물론 그에게는 일생일대의 사건이겠으나)에 관심이 생길 리 없다. 누구인지도 모르는 사람이, 아마 평생 갈 일 없는 장소에 가서, 지겨운 성장 스토리를 늘어놓는 걸 볼 바에야 소설 한 권이라도 더 읽는 게 낫다. 사진으로 가득한 여행기를 좋아하지 않는다. 글보다 사진이 많은 책은 상상의 기쁨을 봉인한다. 차라리 영상을 보고 말지. 반드시 그곳에 있어야만 하는 사진인 걸까? 고개를 갸우뚱하게 만드는 여행기가 많았다. 재채기하듯 던진 문장 몇 줄과 사진이 전부인 여행기는 취향이 아니다. 좋고 나쁨을 따지자는 이야기가 아니다. 쌀국수에 들어간 '고수'처럼 단순히 입맛의 문제일 뿐이다. 여행지의 정보만 나열한 책도 그리 좋아하지 않는다. 내가 몰랐던 장소를 소개하는 여행기보다 내가 보지 못하는 방식으로 세상을 바라보는 여행기 쪽이 끌린다. 그런 의미에서 김훈 작가의 『자전거 여행』이 최고의 여행기였다.

여행을 자주 가진 않았지만 책을 펼치면 세계가 밀려들었다. 내게 소설은 밥이었고 수필은 술이었다. 시는 이따금 먹지 않으면 안 될 약이었다. 자기 계발서가 굳이 먹고 싶지 않은 '고수'라면 본격적인 여행기는 겨울이면 이따금 생각나는 굴이다. 일 년에 몇 점 맛보면 충분한 그런 종류의 음식이다. 여행기는 굉장히 넓은 세계를 다루지만 매우 좁은 독자층을 지닌 분야가 아닐까. 만약 그곳에 관심이 없다면 이름 모를 작가의 고만고만한 이야기를 읽어줄 독자는 많지 않을 거다. 내가 스코틀랜드에 가서 마신 위스키를 마셔보고 싶어 하는 사람은 없을 거다. 오키나와에 가서 라후테와 고야 찬푸루에 전통주 아와모리를 마시고, 니기타 노천탕에 앉아 사케를 마신다고 사람들이 공감하지 않을 거다. 하루키처럼 유명한 작가가 유려한 문장으로 그려낸 『먼 북소리』나 『위스키 성지 여행』 같은 책은 화제가 된다. 허영만 화백처럼 '식객'으로 인정받은 이가 쓴 『이토록 맛있는 일본이라면』 같은 책은 가서 먹고 마시기만 해도 여행서 분야 1위를 한다. 여행지의 특별함보다 여행자의 특별함에 끌린다. 여행지의 특이한 풍경보다 장소를 바라보는 독특한 시선에 끌린다. 유럽의 고성보다 문장의 아름다움에 반한다. 절벽의 높이보다 사색의 깊이에 감탄한다. 그가 찍은 사진보다 그에게 박힌 가시에 눈길이 간다.

가장 멋진 여행은 일을 마치고 돌아와 전기장판 위에 배를 깔고 책을 펼치는 순간 시작된다. 타인의 여행에 한눈을 팔 새가 없다. 죽기 전에 한 번은 남미에 가보라지만 그 시간에 차라리 요시모토 바나나의 『불륜과 남미』를 읽겠다. 내게 여행의 풍경은 책을 읽다 고개를 들면 보이는 터널이었다. 그런 사람에게 남아공의 아름다움을 설명해봤자 소용없다. 책을 펼칠 때마다 어디로든 갈 수 있는데 여행에 목말라 할까.

어딜 가도 책을 읽을 텐데 그곳이 어디든 무슨 상관일까. 여행기를 즐겨 읽지 않았던 데에는 그만한 이유가 있었다.

얼마 전 통영에서 한 달 살기를 하고 간 사람이 쓴 책이 있기에 반가움에 집어 들었다. 그는 내가 다니는 도서관에도 가고 우리 동네 해안로에서 러닝도 하고 그런다. 나에게는 당연한 일상의 풍경이 누군가에게는 일상이 힘들 때마다 꺼내 볼 여행의 장면이라 생각하니 묘한 기분이었다. 마흔을 앞두고서야 비행기를 처음 탔지만 불만 없다. 제주도를 왕복한 짧은 비행이 이번 생애 마지막 여행이라고 해도 개의치 않는다. 지구별을 타고 우주를 여행하다 생명이 스러진 후에는 별의 일부가 되겠지. 그전까지 부지런히 책을 읽고 햇살을 마주하고 세상의 일부를 뜯어 먹으리라. 그것이 나의 여행이 되리라.

책을 읽고 쓴 책을 보고 쓰는 글

 사람들이 어떤 책을 읽는지 깊이 생각해 본 적이 없다. 클럽활동이 독서반이었지만 명목상이었을 뿐이다. 독서 모임을 해본 적 없고 필독서라는 단어에 진저리를 치는 사람이다. 내게 책 읽기는 언제나 개인적인 영역에 속해 있지만 이왕 독서 에세이를 쓰는 김에 타인의 서재를 훔쳐보는 것도 재미있겠다는 생각이 들었다. 독서를 자기 계발의 영역에서 다루는 책들이 생각보다 많아 놀랐다. 어떤 책들은 독서만 하면 꿈이 생기고 성공할 수 있고 인생을 극적으로 바꿀 수 있다고 주장한다. 위대한 사람들은 책을 읽는다며 사람을 무안하게 만든다. 지겹도록 워렌 버핏, 빌 게이츠, 버락 오바마를 들먹인다. '이렇게 읽어라.' '이 책을 읽어라.' '독서로 경영하라.' '이제는 ○○독서법이다.' '지금부터 △△독서 관리법이다.'주장하며 거들먹거린다. 어디서 이런 자신감이 나오는 걸까. 책을 읽지 않으면 낙오자가 될 것처럼 겁을 주며 독서를 강요한다. 명언을 복사하고 위인의 말을 인용하지 않으면 책 한 권도 쓰지 못하는 주제에, 이구동성 게임이라도 하는지 우리나라 국민 독서량은 세계 최하위니 부끄러운 줄 알라며 성공한 사람들의 독서 습관을 늘어놓는다. 몇몇 책에서 약속이라도 한 듯 언급하는 책과 작가도 있었는데 무슨 PPL이라도 하는 걸까 싶었다. 창조력과 상상력을 이야기하면서 이토록 빤한 레퍼토리로 괜찮은 걸까.

그들은 독서로 해결하지 못할 문제가 없다지만 그저 말일뿐이다. 독서를 통해 사고가 깊어지고 집중력과 기억력이 높아지는 효용이 있는 건 사실이지만 책은 기적의 영약이나 마스터키가 아니다. 물론 배우는 독서도 필요하다. 부족한 것을 채우기 위해 메모하고 외우고 실천하는 삶은 바람직하다. 그러나 즐기는 독서가 본질이 아닐까. 이익을 목표로 읽는다면 고역이 아닐까. 내일을 대비하는 것도 좋고 더 나은 내가 되는 것도 중요하지만 지금 이곳에서 이야기를 즐길 수 있다면 그걸로 괜찮은 거 아닐까. 엑기스만 쭉쭉 빨아 먹는 것보다 김밥 꼬투리를 먹는 쪽이 즐겁다. 예쁜 몸을 만들어 기록으로 남기는 것보다 나를 위해 땀 흘리는 순간을 사랑한다. 더 나은 인간이 되지 않아도 좋으니 그저 이야기를 오롯이 맛보고 싶다. 나는 상위 1%에 들기 위해서가 아니라 1명의 온전한 인간으로 존재하기 위해 책을 읽는다. 한 명의 독서가로 살다 떠날 수 있다면 그리 나쁜 인생은 아닐 거라 믿고 있다. 책을 읽으면 인생이 바뀐다며 독서를 수단으로 삼는 일에 찬성하지 않는다. 책을 점령해야 할 장소처럼 여긴다면 스펙 쌓기와 무슨 차이가 있을까. 책을 도움닫기 발판으로 삼는 독서에 과연 기쁨이 깃들까. 꼭 완독 권수에 집착하며 나아가야만 하는 걸까. 독서에 능률을 대입한다 생각하니 숨이 막힌다. 상상하고 음미할 시간이 있기는 할까. 음식점에 별점을 주듯 책에 점수를 매겨가며 읽으면 즐거울까. 나는 똑똑한 사람이 되기 위해 책을 읽지 않는다. 그저 작가들이 창조한 세계의 문을 두드리는 것으로 만족한다.

독서를 무기 삼으란 말의 뜻을 이해할 수는 있으나 그대로 받아들이기는 어렵다. 꼭 실천하고 성장하고 경영해야만 하는 걸까. 자기만족의 독서를 비하할 필요까지 있을까. 목적이 있어야만 올바른 독서일까. 자기 완결적인 독서도 충분히 근사한 일이 아닐까. 삶에서 기쁨보다 본질적인 일이 있을까. 어차피 모두 같은 곳으로 가고 있는 거라면 길 아닌 길을 가기에 자유로운 바람처럼 살고 싶다. 열심히 일하고 사랑하며 즐겁게 읽고 싶다. 발길 닿는 대로 걷는 산책처럼 한 줄씩 읽어나가고 싶다. 초록빛으로 스며드는 문장을 느끼고 싶다. 독서 전후로 무엇이 바뀌었는지 소리 높여 주장하기보다 그저 늘 독서 중인 상태로 살다가 가고 싶다. 성공하기 위해 책을 이용하라지만 그냥 책 속을 유랑하면 안 될까. 유익하지 않으면 어때서. 무료함을 달래기 위한 독서도 괜찮지 않을까. 시간 낭비라니 내겐 낭만의 순간인데. 그래야만 '진짜 독서'라면 지금껏 내가 읽은 문장들은 무엇일까. 진정한 독서가 사람을 오만하게 만든다면 내 쪽에서 사양이다. 독서를 자기 계발의 수단으로 여기는 것도 나쁘지 않고 성장의 밑거름으로 삼는 것도 좋지만 나는 그래도 책을 자기 보존의 영역에서 다루고 싶다. 지름길을 발견하기보다 길에서 벗어나 잠시 쉬어가는 숲으로 남겨두고 싶다.

오래도록 기억에 남는 소중한 장면들은 전부 쓸모의 바깥에 있었다. 연인의 손을 잡고 하염없이 걷던 여름날, 며칠 동안 자전거 페달만 밟으며 달렸던 제주도, 그저 빗소리만 들으며 보낸 밤이었다. 길에서 벗어나야 영혼은 숨을 돌린다. 책 속에 길이 있다지만 그 길은 누군가 정해놓은 길을 따라가는 것이 아니라 누가 걸어도 길이 되는 세상일 거다. 독서로 목표를 이루는 삶이 아니어도 좋다. 책을 읽는 기쁨을 잃지 않고 살아갈 수 있다면 그걸로 충분하다. 나의 독서는 목적이 없다. 적어도 글쓰기를 시작하기 전에는 확실히 그랬다. 인생을 바꾸느니 세상을 변화시키느니 그런 말들이 낯간지럽기만 했다. 칼로리를 신경 쓰지 않고 음식을 먹듯 효능을 생각하지 않고 읽었다. 살아있으니 그냥 읽었다. 살고 싶으니 그저 읽었다. 살아있는 동안 재밌는 책을 읽고 싶다. 책을 읽기 위해서라도 삶은 계속되어야 했다.

　물론 괜찮은 책을 발견하는 기쁨도 있었다. 『대통령의 독서법』의 시선은 흥미로웠다. 『독서가 마음의 병을 치유한다』처럼 독서의 개념을 알기 쉽게 설명하고 상황에 따른 독서 목록을 정리한 책도 있었다. 니나 상코비치의 『혼자 책 읽는 시간』에서는 책 속으로 도망쳤다가 나를 되찾아 삶으로 돌아오는 여정을 함께 했다. 『책은 밤이다』는 영화평론가 이동진의 사유와 경험을 산뜻하게 버무려낸 수작이었다. 『책은 도끼다』에서 김훈 작가 이야기가 나오니 어찌나 반갑던지. 그래, 그렇지. 김훈의 글을 '미쳤다.' 말고 뭐라고 표현할까. 이러한 책들은 내가 몰랐던 여행지의 정보를 제공하고 내가 놓친 풍경을 돌아보게 만들었다. 그들의 책은 흥미진진한 여행기이자 미식가의 맛집 리스트였다.

책을 읽으면 우월해진다는 생각을 해본 적이 없다. 책을 많이 읽었다고 좋은 사람이 되는 것도 아니다. 하지만 책을 읽었기에 이 정도의 사람은 될 수 있었다. 적어도 내가 될 수 있는 가장 나은 사람이 되었다. 독서를 통해 상상하는 힘을 잃지 않는다. 타인의 사유를 맛보며 영혼은 단단해진다. 저마다의 삶이 이야기인데 서사를 모르고 생을 이해할 수 있을까. 책 속에 길이 있다. 나에게로 가는 길도, 사람에게 닿는 길도, 새로운 세상을 여는 길도 책 속에 있다. 어디에 있어도 책이 있다면 그곳은 나의 서재다. 자신만의 시간, 나만의 공간을 갖는다는 건 요즘 시대에 누리기 힘든 사치가 아니던가. 온전히 나를 지키는 가장 손쉬운 방법이 독서다. 독서를 통해 삶을 변화시키는 것도 좋지만 독서라는 행위로 나를 지키는 것도 멋진 일이 아닐까. 적어도 독서가로서의 자아만은 누구도 침범하지 못한다. 엄마건 노인이건 아이건 책을 읽는 동안에는 오롯한 나로 존재할 수 있다. 타인의 이야기를 통해 자신에게 몰입할 수 있다.

굳이 '양서'를 읽지 않아도 좋다. 만화책이건 라이트노벨이건 즐겁게 읽으면 된다. 어떤 이야기라도 삶의 양분이 된다. 책을 읽어야 성공할 수 있다는 말을 믿지 않는다. 책을 읽을 여유만 있어도 성공한 삶이라고 믿는다. 내게 독서는 성공을 위한 도구가 아닌 그 자체가 기쁨인 완성된 행위다. 나의 인생은 운동을 하기 전과 후로 나뉜다. 나의 인생은 그녀를 만나기 전과 후로 나뉜다. 나의 인생은 글을 쓰기 전과 후로 나뉜다. 하지만 나의 삶을 독서와 나눌 방법은 없다. 나는 독서를 통한 변화를 바란 적이 없다. 바라는 모든 즐거움이 책 속에 있었기 때문이다. 목표를 향해 행군하듯 읽으니 쉽게 지치는 게 아닐까. 독서를 목적 없는 산책처럼 여긴다면 어찌 즐겁지 않을까. 책을 많이 읽었다고 자랑거리가 아니고 책을 읽지 않았다고 부끄러울 것도 없다.

독서는 그저 기쁨을 위한 일이며 나를 사랑하는 시간일 뿐이니까. 진정한 술꾼이라면 좋은 사람과 마시는 걸로 만족할 뿐 얼마나 많이 마셨는지 자랑하지 않고 비싼 술이라며 으스대지 않는다. 진정한 독서가도 마찬가지다. 얼마나 많이 읽었는지는 중요하지 않다. 어려운 책을 읽었다고 잘난 체하는 것도 우스운 일이다. 독서로 기쁨을 얻었다면 그걸로 충분한 거다. 짧지 않은 인생에 사랑 말고 좋은 일이 있었다면 독서뿐이다. 독서는 사랑을 잃고도 버틸 힘을 주었다. 책은 흔들고 무너뜨리고 깎아내리려는 세상으로부터 나를 지키는 방패였다. 쉽지 않았던 삶이었지만, 차라리 죽는 게 낫지 않을까 생각했던 시절에도 책을 읽을 정도의 빛은 있었다. 책을 읽는 동안에는 어디로든 갈 수 있었고 어디에 있어도 나로 존재할 수 있었다. 타인의 이야기를 읽으면서 삶이 결국 하나의 이야기임을 깨달았다. 지우고 싶은 순간조차 나라는 이야기를 위해 필요한 문장이었다. 가능한 오랫동안 이야기의 바다를 헤엄치는 것, 그것이 이번 생의 목표다.

나이 든 채로 산다는 것

단순히 나이 드는 서글픔을 말하는 데 그치지 않을 것 같았다. 한가운데에 자리 잡은 그림 때문이었다. 나이테를 고스란히 드러낸 통나무는 지금까지의 세월을 상징하는 듯하고 통나무의 한 부분을 펼쳐진 책으로 묘사한 것은 세월만큼 쌓인 이야기가 있음을 보여주는 듯했다. 저자는 통계로 서문을 열지만 수치에 그치지 않는다. 인간을 담아내기 위해 그림과 소설 등 예술작품을 활용하여 다양한 각도에서 나이 듦을 들여다본다. 나이 듦 자체는 추하지 않다. 노화를 늦추려는 노력도 자연스러운 반응이다. 추한 것은 나이 듦을 대하는 우리의 자세가 아닐까. 늙음을 함부로 대하는 것은 앞으로 나아갈 길에 오물을 흩뿌리는 짓이 아닌가. 노인을 무시하는 모습을 등 뒤에서 아이들이 보고 있다. 아이들이 밝게 자랄 수 있는 사회와 노인들이 삶을 누릴 수 있는 세상이 다르지 않을 것이다. 우리가 살아갈 세상에 꽃과 나무를 미리 심어두어야 하지 않을까. 그러기 위해서는 나이 듦을 대하는 자세부터 바로잡아야 할 테지.

　　나이 듦이 저주가 되어서는 안 된다. 우리는 노년을 인생의 황혼에 비유하지만 지금처럼 수명이 늘어난 시대에 적합한 말은 아닌 듯하다. 어둑해지는 저편 바라보며 끝을 기다리기에는 너무 먼 길이다. 청춘을 봄으로 노년을 겨울에 비유하기도 한다. 인생은 무수한 계절의 합이다. 사람은 저마다의 계절을 품어내는 존재다. 나이 따위와 상관없이 꿈을 꾸는 한 봄이고 사랑한다면 여름이다. 삶이 40km에서 50km, 60km에서 70km로 빨라지기만 하는 걸까. 세월에 자신을 잃어간다는 말에 찬성하지 않는다. 60%, 61%, 62% 조금씩 내가 되어갈 뿐이다. 모든 순간을 백 퍼센트의 나로 살아내면 그만이다. 매일 아침, 세상을 새롭게 바라보는 이의 영혼은 언제나 싱그럽다. 문득 가마쿠라의 바바라 부인이 떠오른다. 바바라 부인은 『츠바키 문구점』에 등장하는 삶을 즐기는 매력적인 할머니다. 그래, 모든 계절을 사랑한다고 대답한 그녀처럼 살아가면 되는 거다. 올곧은 자세로 나를 지킨 가시코처럼 사는 것도 멋지고 제멋대로인 남작처럼 나이 드는 것도 재밌겠지. 지금을 사는 사람에게는 매일이 푸를 테니까. 비움의 지혜 역시 익혀야 할 것이다. 마음을 다하되 뜻대로 되지 않음을 각오해야 할 것이다. 나를 돌보는 습관을 길러야 한다. 혼자를 즐기는 법을 배워야 한다. 새로운 것을 마주할 용기를 길러야 한다. 나이 듦을 받아들이고 밤을 밝힐 준비를 해두어야 한다. 열매 맺지 않는다고 나무를 뽑을까. 꽃이 시들었다고 자를까. 가지를 한껏 뻗어 햇볕 쬐고 뿌리로 땅을 단단히 움켜쥐어야지. 누군가에게 보이기 위해서가 아니라 아름다운 세상을 누리기 위해서.

나의 나이 듦은 어떠한가. 나이 들며 팔다리의 근육이 헐거워진다. 안간힘을 써보지만 예전 같지 않다. 이제 내려갈 일만 남은 서글픔 속에서 비움의 미학을 배운다. 예전처럼 빨리 뛰지 못하니 더 많은 꽃을 보게 된다. 예전처럼 멀리 가지 못하니 가까이 있는 것들을 자세히 살피게 된다. 질긴 것을 씹지 못하니 오래 꼭꼭 씹어 먹는 법을 배운다. 자극적인 것을 먹으면 탈이 나니 푸르고 싱싱한 것들을 먹게 된다. 세상의 한 조각을 오롯이 음미해 삼키는 일은 여전히 거룩하다.

단단한 몸이 허물어지면서 자유로워진다. 몸이 헐거워지는 것은 꽁꽁 언 대지가 봄을 맞이하는 일과 다르지 않다. 서둘러 올라갈 때 보지 못했던 풍경들이 조심스럽게 내려가는 발걸음마다 펼쳐진다. 노화라는 꽃은 내 안에 담긴 싱그러움을 내어주어야 피어난다. 나 아닌 것들의 아름다움까지 누리는 기쁨은 나이 든 자의 권리다. 나의 서재는 바다가 보이는 도서관이다. 평생 읽지도 못할 책으로 가득하다. 우리 동네 꽃 핀 곳마다 나의 정원이라 미처 다 보지도 못한 채 봄이 간다. 바람에 실려 온 계절을 여행하고 세계를 맛보는 것만으로도 하루가 분주하다. 하지 못하는 일들이 늘어나는 만큼 보이지 않던 세상이 모습을 드러낸다. 잃어버린 것들이 늘어나면서 알지 못했던 것을 깨닫게 된다. 당연한 것이 없음을 자연스럽게 몸으로 느끼게 된다. 나이 듦은 내가 됨임을 알겠다. 천천히 흘러가듯 나이 듦의 과정을 오롯이 맛보고 싶다. 그것 또한 축복이 아니겠는가. 나는 분명 늙어가고 있지만 '늙었다'는 상태에 머물러 있지는 않다. 내게 나이 듦은 진정한 나로 돌아가는 길이다. 나이 듦이 열어주는 세계를 온전히 맛보기를 바랄 뿐이다.

나만의 배를 엮다

『배를 엮다』는 겐부쇼보라는 출판사의 편집부 사람들이 17년에 걸쳐 사전을 만드는 이야기다. 책 소개만 보면 따분할 것만 같은 소설이 일본 베스트셀러 1위에 오르고 영화로까지 만들어지게 된 힘은 어디에서 온 걸까. 사전을 만드는 사람들의 이야기라니 생각조차 해본 적 없다. 내게 사전은 어떤 의미였던가. 내가 어릴 때는 입학 선물로 사전을 주는 경우가 많았다. 중고등학교 때는 야간 자율 학습 시간에 심심해서 사전을 들춰 예쁜 단어를 찾아 옮겨 적었다. 이외수의 『감성사전』을 읽고 흉내 낸 글을 대학교 때 시화전에 내어 호평을 받은 적도 있었다. 스물의 나는 언젠가 나만의 감성사전을 만들겠다는 꿈이 있었다. 사전과 무관한 삶을 사는 동안 대통령이 5번 바뀌었다. 어떤 단어들은 세상에서 밀려나 사전 속에만 존재하게 되었다. 삐삐, 공중전화, 우체통, 연탄, 펜팔, 교련 수업, 재봉틀, 전화 수첩, 엿장수, 다리 밟기, 야시장, 오락실, 고무줄놀

이와 집집마다 있던 장독대, 장터가 사라졌고 구멍가게와 슈퍼마켓이 사라졌다. 그 시절의 골목길이 사라지면서 순박한 웃음도 잃어버렸다. 이상하게 엄격했고 어쩐지 너그러웠던 시대. 보드라운 무언가를 저편에 두고 온 것만 같다. 세월에 발맞추지 못한 사람들마저 내버려두고 온 것 같아 서글퍼진다. 서재에 백과사전 한 질은 갖춰놔야 폼 나던 시절이 있었다. 브리태니커 백과사전을 갖길 소원하던 아이는 팬데믹, 자율 주행 자동차, 비트코인과 블록체인, 나노사회, 증강현실 같은 단어들이 일상이 되리라 상상하지 못했다. 백과사전이라는 단어 자체가 죽어간다. 검색은 하지만 사색은 없다. 알고리즘은 알지만 사유는 모른다. 우린 어디로 이리 바삐 가는 걸까. 골목이 사라지면서 앞으로 가는 길만 남은 것 같다. 나아가지 않으면 밀려날 것만 같은 세상에서 자신이 옳다 믿는 가치를 위해, 그것이 남들이 보기에는 미련스러운 일이라 해도 기꺼이 자신의 삶을 내어주는 마지메처럼 살아가면 안 될까.

세상 변두리에서 나만의 배를 엮는다. '낭만 사전'이 출간되지 못할지라도 꾸준히 엮어나갈 것이다. 일주일에 한 단어를 쓸지라도 죽을 때까지 계속할 것이다. 의미 없는 일인지도 모른다. 쓸모없는 짓인지도 모른다. 그러나 내가 가치 있다고 믿는 일에 시간을 내어줄 수 있다면 그리 나쁜 삶은 아닐 거라 믿는다. 1991년 민중서림 편집국 사람들이 만들어준 배를 타고 나아갈 것이다. 책을 읽다 모르는 단어가 나오면 사전을 펼쳐 볼 것이다. 단어들을 이어 문장을 짓듯이 순간을 이어 하루를 짓고 오늘을 이어 삶이라는 이야기를 엮어나갈 것이다. 길에서 마주하는 사람들을 세상 하나뿐인 이야기로 여길 것이다. 글쓰기 수업을 할 때 ㉠~㉵까지 생각나는 대로 단어를 써보라고 하면 어찌나 제각각인지. 가족이나 사랑처럼 중복되는 단어도 있지만 단 한 명도 똑같은 단어로 페이지를 채우지 않는다. 낱말들은 마치 DNA 같아서 저마다의 삶이 하나의 이야기임을 증명한다. 바둑판에 둘 수 있는 경우의 수를 따지면 우주의 원자 수보다 많다는 내용을 읽은 적이 있다. 한 사람이 펼쳐나가는 이야기에 깃든 가능성을 생각하면 한 사람이 하나의 우주란 말은 과언이 아니다. 모두가 세상에 없던 이야기를 쓰고 있다. 저마다의 가슴에 사전이 있다. 내 마음 속 사전에도 이름들이 있다. 지우는 순간 나의 일부도 사라질 이름이 있다. 이곳에는 없지만 그곳에는 있는, 저편으로 넘어가 멀어졌기에 유난히 반짝거리는 이름들이 있다.

    무수한 하루가 다가오고 저편으로 멀어지는 동안 빼곡하게 내 안을 채운 단어들이 있다. 넘지 못할 산이라 생각한 것은 이제는 작은 점으로도 보이지 않는다. 살아갈 세상이라 믿었던 곳은 마땅히 지나와야 할 길목이었다. 먼 길을 돌아오며 힘겨웠지만 나의 세계를 넓히는 중이었다. 언어는 서로를 필요로 한다. 상대가 없는 말은 바람일 뿐이다. 삶이라는 바다를 건너는 우리들은 숨결에 마음을 담아 서로에게 실어 보낸다. 생의 고해를 건너는 이들에게 따뜻한 말을 전하고 싶다. 멈춰도 된다고, 쉬어가도 문제없다고, 한계를 뛰어넘지 말라고, 가끔 지는 것도 괜찮다고, 최선을 다해 최선을 다하지 말라고, 밀어붙이다가 밀려나 버릴지도 모른다고 말해주고 싶다. 이렇게 돌아가는 삶도 있다고 몸으로 보여주려 한다. 본관 건물에서 쫓겨났지만 허름한 창고에서 불멸의 사전을 만들어낸 마지메처럼.

책 속에서 힘을 얻어
다시 세상으로 돌아왔으니
독서는 생을 잇는 징검다리였다.

에필로그 - 아직 읽지 않은 책이 있기에

    이곳에 내가 읽은 책을 모두 담지는 못 했다. 이 책을 쓰면서 만난 근사한 이야기들도 그렇다. 오가와 이토의 『라이온의 간식』은 따뜻한 음식에 담긴 뜨거운 삶의 이야기였다. 코맥 매카시의 『the road』는 묵시록적 세계에 대한 한 아버지의 응답이었다. 『저만치 혼자서』에서 김훈의 문장은 여전히 날카로워 슬쩍 갖다 대기만 해도 삶은 서늘한 속살을 보여주었다. 아직 읽지 않은 책들을 생각한다. 잭 리처가 군대에서 나온 이유를 이제야 알았다. 프랭크 허버트의 단편선도 읽어야 하고 어슐러 르 귄의 책도 다 읽지 못했다. 에밀리 디킨슨의 작품들도 찬찬히 살펴봐야 하고 류츠신과 클레이 키건의 책도 읽어보고 싶다. 남은 시간 읽기만 해도 책의 바다에서 한 줌 모래밖에 줍지 못할 테지만, 슬픔보다 안도에 가까운 기분이 든다. 다 쓰고 죽지 못할 만큼의 재산을 가진 느낌이랄까. 지금껏 읽은 이야기만으로도 근사한 삶이었다.

바쁘다는 핑계로 놓치는 아름다움이 많아서 시인의 눈을 빌린다. 때로 진실은 잔혹한 것이라서 허구의 틀을 쓰고 삶을 마주한다. 누군가는 김훈, 헤밍웨이, 톨스토이를 좋아한다는 이유로 젠더 감성이 부족하다고 할지도 모른다. 미야베 미유키, 에쿠니 가오리, 온다 리쿠 같은 작가들을 얼마나 사랑하는지 말하면 그들은 일본 작품에 편향되어 있다고 말하겠지. 영미 소설을 열심히 읽던 시기가 있었다고 하면 나의 독서는 소설에 치중되어 있다고 하겠지. 인문, 철학, 고전 가리지 않고 읽었다고 말하면 누군가는 실생활에 도움 되지 않는 책을 읽느라 인생을 낭비했다고 하겠지. 누가 뭐라고 하건 상관없다. 나는 그저 읽고 싶어서 읽었다. 작가의 이야기를 따라가며 즐길 뿐이다. 의미 있는 책보다 재미있는 책을 사랑한다. 쓸모없는 독서에 쓴 시간을 후회하지 않는다. 사는 건 쉬웠던 적이 없었지만 책을 읽는 순간만큼은 숨을 쉴 수 있었다.

　비좁고 어두컴컴한 골목을 걸어왔지만 적어도 책을 읽을 정도의 빛은 있었다. 책은 시간의 바깥에 존재하는 장소였다. 나를 위해 해준 일이 있다면 책을 읽은 것뿐이다. 책을 읽는 동안만큼은 온전한 나로 존재할 수 있었고 나라는 존재에 한정되지 않았다. 책 속에서 힘을 얻어 다시 세상으로 돌아왔으니 독서는 생을 잇는 징검다리였다. 책에서 삶을 배웠고 책으로 삶을 지켰다. 허름한 서재를 보여주는 것이 쑥스럽지만 부끄러워할 필요는 없겠지. 책은 삶이 이야기에 불과함을 가르쳐 주었다. 타인을 하나의 이야기로 납득하게 해주었다. 내가 써 내려온 이야기를 사랑하게 만들었다. 내가 읽은 책이 나의 세상이며 내가 읽을 책이 살아갈 세상이다. 오늘 저녁 먹을 음식이 있고 밤새 읽을 두꺼운 책이 있는데 무엇을 더 바랄까. 언제든 이야기 속으로 떠날 수 있는 여행자를 무너뜨릴 운명은 없다. 흐린 날에도, 추운 날에도, 폭풍우 치는 밤에도, 차라리 죽는 것이 나을 것 같은 시절에도 책을 읽을 정도의 빛은 있었다. 그러니 나의 날씨는 항상 읽음이었다.

오늘 날씨, 읽음

2025년 6월 23일 초판 1쇄 발행

글 김민
일러스트 양수진(양치) 인스타그램 @yangchee_
발행인 박윤희

발행처 도서출판 이곳   **디자인** 디자인스튜디오 이곳
등록 2018. 10. 8 신고번호 제2018-000118호   **이메일** bookndesign@daum.net
홈페이지 https://bookndesign.com   **팩스** 0504.062.2548
블로그 blog.naver.com/designit   **인스타그램** @book_n_design

저작권자 ⓒ 김민 2025
ISBN 979-11-93519-29-5(03800)

- 이 책은 저작권법에 따라 보호받는 저작물이므로 무단전재와 무단복제를 금지하며, 이 책 내용의 전부 또는 일부를 이용하려면 반드시 저작권자와 "도서출판 이곳"의 서면동의를 받아야 합니다.
- 잘못 만들어진 책은 구입하신 곳에서 교환해드립니다.
- 값은 뒤표지에 있습니다.

도서출판 이곳
우리는 단순히 책을 만들지 않습니다.
작가와 책이 마주치는 이곳에서 끊임없이 나음을 넘어 다름을 생각합니다.

본 도서는 2025년 부산광역시, 부산문화재단<부산문화예술지원사업>으로 지원을 받았습니다.